Tanja Braune

Ruck-zuck Obstküche

Über 150 Rezepte von süß bis pikant:
heimisch, gesund & abwechslungsreich

Impressum:

Autorin: Tanja Braune
Lektorat: Franz Ebner
Coverfoto: www.iStockphoto.com
Alle restlichen Bilder: www.iStockphoto.com, www.dreamstime.com, Starkl (Seite 120-127)
Cover und Layout: Oskar Kubinecz
Druck: General Druckerei GmbH, Ungarn

ISBN: 978-3-7088-0556-6

Lobkowitzplatz 1
A-1010 Wien
www.kneippverlag.com

1. Auflage, März 2012

Inhalt

Ein kleines Stück aus dem Paradies

Der Garten Eden, der Legende nach in Mesopotamien, gilt nicht nur als Wiege der Menschheit, sondern auch viele Obstarten haben hier ihren Ursprung. Doch erst in der Antike fanden die Früchte langsam ihren Weg über die Kontinente, vor allem Griechen und Römer kultivierten, veredelten und verbreiteten ihr Agrar-Wissen.

Im mittelalterlichen Europa entdeckte die Aristokratie nach anfänglichem Misstrauen auch bald die Vorzüge von Obst. Denn der ritterliche Speiseplan war beschränkt: Fleisch, Fisch und Getreide galten als angemessen für den erlauchten Gaumen; Gemüse und alles, was direkt auf oder unter der Erde wuchs, war von Gott eher für Vieh und arme Schlucker gedacht. Also wurde Obst zur noblen Herrenspeise: Jeder der etwas auf sich hielt, züchtete, aß und kredenzte Früchte - allerdings nur gekocht und als Beilage. So leitet sich auch das Wort vom althochdeutschen ‚obez' für Zukost ab.

Der Klerus war angesichts der süßen Verführung aus fernen Ländern „not amused" und Gerüchte um aphrodisische Wirkung sorgten für den Rest: Einige Früchte wurden kurzerhand zur Sünde erklärt. Doch die Fastenzeit machte auch den strengsten Mönch hungrig und schließlich wurde Obst dann doch mit Gottes Segen in allen Punkten freigesprochen – und plötzlich hatte jeder Klostergarten auch seine Obstbäume.

Heute gibt es weltweit etwa 280 Obstarten mit rund 400.000 unterschiedlichen Sorten. Keine andere Lebensmittelgruppe hat diese Vielfalt – und auch wenn in unseren Breitengraden nicht alles wächst, die Auswahl ist beachtlich, köstlich und, wenn es biologisch und heimisch ist, auch klimaschonend. Aber nicht nur damit können heimische Früchte punkten, sondern auch für die Gesundheit sind sie die richtige Wahl. Denn Sonnengeküsstes (ob kultiviert oder wild) ist auch in puncto Inhaltsstoffe pures Gesundheitselixier.

Obst schmeckt sensationell und ist, wie mehr als 150 Rezepte zeigen, auch einfach und ruck, zuck gemacht. Und das vielleicht Beste an der ganzen Obststory: Die Sträucher und Bäume sind richtig schick und machen auch den kleinsten Garten zur essbaren Wellness-Oase – wie das geht, das verrät Gärtnerprofi Josef Starkl.

Viel Spaß & gutes Gelingen wünscht
Tanja Braune

Der Apfel: Die gesunde Powerkugel

Er ist Symbol für Sünde, Schönheit und Sex, Jugend und Gesundheit, Macht und Fruchtbarkeit, Erkenntnis und Entscheidung, des Streits und des Rechts und Synonym für Manhattan und Mac … – auf alle Fälle aber ist der Apfel die wichtigste heimische Obstart. Ursprünglich aus Asien, kam er vor etwa 2500 Jahren mit den Römern nach Europa und gehört zu den ältesten Kulturpflanzen der Menschheit. Heute ist China mit Abstand der größte Produzent der Welt. Hierzulande ist er Trendobst schlechthin, sogar mit einem eigenen Feiertag: In Österreich ist jeder zweite Freitag im November der „Tag des Apfels".

Vom Baum ins Körbchen

Der Apfel besteht aus Fruchtfleisch, Kerngehäuse mit fünf Kammern, Kelchgrube und Stiel. Man unterscheidet Tafeläpfel, Wirtschaftsäpfel (u. a. für Apfelmus und -saft) und Mostäpfel, die zu Wein, Essig oder Saft verarbeitet werden. Weltweit soll es über 20.000 Sorten geben, auf dem Markt haben sich etwa 20 Sorten etabliert.

Frische Äpfel sind nicht nur prall, knackig und unverletzt, sondern duften mit vollem Aroma. Ein vertrockneter oder fehlender Stiel zeigt, dass die beste Zeit des Apfels schon vorbei ist. Selbstverständlich sollte sein, dass heimische Ware gekauft wird – nicht nur wegen des Klimaschutzes –, sondern auch weil ausländische Importe unreif gepflückt werden und daher nicht annähernd so viele Vitamine haben. Und Achtung: Vitamine & Co sind lichtempfindlich: Äpfel, die stundenlang in der prallen Sonne liegen, haben schon etliche gute Inhaltstoffe eingebüßt. Allerdings reifen Äpfel nach dem Pflücken auch nach, dabei scheiden sie Ethylen aus, ein Gas, das auch anderes Obst und Gemüse schneller reifen bzw. welken lässt – was man sich bei oft unreifen Bananen aber auch zu Nutze machen kann. Die ideale Lagerung für Äpfel ist ein gut durchlüfteter Keller mit 6 bis 8 °C und das Gemüsefach des Kühlschranks. In der Küche ist der Apfel ein Allrounder und ist süß, sauer und pikant ein Genuss.

Multitalent für Gesundheit & Energie

Der Apfel heißt lateinisch „malum" (mit langem a), was leicht mit „malum" (mit kurzem a) – übel, schlecht" – verwechselt werden kann. In Wirklichkeit aber ist er die ultimative Vitaminbombe! Allerdings: Bis zu 70 % der Inhaltsstoffe sind in oder direkt unter der Schale – wer Äpfel schält, pellt auch die meisten Vitamine & Co ab. Neben den Vitaminen (allen voran Parade-Radikalfänger Vitamin C) und Mineralstoffen (top: Kalium für den Flüssigkeitshaushalt und Blutdruck) sind seine Pektine interessant. Die Ballaststoffe wirken sich positiv auf die Verdauung aus und binden unerwünschte Substanzen im Darm. Außerdem beeinflussen Apfelpektine den Cholesterinspiegel positiv, regulieren den Blutzuckerspiegel und sorgen für ein anhaltendes Sättigungsgefühl.

Weitere Top-Inhaltsstoffe sind die sekundären Pflanzenstoffe, allen voran das Flavonoid Quercetin, das, so neueste Forschungsergebnisse der Cornell-Universität in New York, nicht nur Entzündungen und freien Radikalen den Garaus macht, sondern die Hirnzellen anscheinend auch gegen Alzheimer und Parkinson wappnen kann. Und schlussendlich ist auch die Apfelsäure eine gute Sache: Sie liefert nicht nur den erfrischenden Geschmack, sondern hilft als „biologische Zahnbürste" auch gegen Karies, wirkt verdauungsfördernd, bakterizid und unterstützt die Aufnahme von Kalzium – Apfelstücke im Müsli sind also nicht nur lecker.

... übrigens

Bei Durchfall hat sich ein geriebener Apfel (an der Luft etwas braun werden lassen) bewährt.

Schmeckt und hilft gegen Nervosität: Apfelschalen-Tee. Schalen unbehandelter Äpfel im Backofen trocknen. 1-2 TL davon mit 250 ml kochendem Wasser übergießen und 10 Minuten ziehen lassen.

Matte und unansehnliche Aluminiumtöpfe werden wie neu, wenn sie mit Apfelschalen ausgekocht und/oder ausgewischt werden.

Gegen unreine Haut hilft eine klärende Maske: Einen geschälten Apfel reiben, mit etwas Honig verrühren und die Mischung bis zu 20 Minuten einwirken lassen und vorsichtig abwaschen.

4 Portionen, Zubereitung ca. 15 Minuten

Erdäpfel-Apfel-Gratin

700 g Erdäpfel (Kartoffeln), festkochend, geschält, in feinen Scheiben
150 g Äpfel, entkernt, in feinen Scheiben
1 EL weiche Butter
1 TL Muskatnuss, gerieben
100 ml Crème fraîche
150 ml Milch
1 Ei
Salz, Pfeffer

Eine Gratinform mit Butter ausstreichen, die Erdäpfel- und Apfelscheiben gemischt in zwei bis drei Schichten einlegen. Jede Schicht mit Salz und Muskat bestreuen. Crème fraîche, Milch und Ei verquirlen, mit Salz und Pfeffer abschmecken und über die Scheiben gießen. Mit Muskat bestreuen und etwa 50 Minuten bei 180 ° C (Ober- und Unterhitze) backen.

Die dünnen Scheiben lassen sich am schnellsten mit der Brotschneidemaschine machen – für diese Menge (Erd-)Äpfel braucht man dann gerade mal zwei, drei Minuten.

4 Portionen, Zubereitung ca. 10 Minuten

Apfel-Birnen-Crumble

4 Äpfel, entkernt, in kleinen Stücken
2 Birnen, entkernt, in kleinen Stücken
30 g brauner Zucker
1 Prise gemahlene Gewürznelken
1/2 TL gemahlener Zimt
Etwas Obers (Sahne)
Für den Teig:
50 g Mehl
100 g Zucker
50 g gemahlene Haselnüsse
100 g gesalzene Butter, gekühlt

Backofen auf 200 °C vorheizen. Äpfel und Birnen mit Zucker, Nelken und Zimt bestreuen. Für den Teig Mehl, Zucker und Nüsse gut vermengen. Die Butter in Flocken hinzufügen – rasch untermischen und die Masse zwischen den Händen bzw. Fingern in grobkrümelige Streusel verreiben. Das Obst in einer gläsernen Auflaufform ca. 3 Zentimeter hoch einfüllen und mit den Streuseln bedecken.
Im vorgeheizten Ofen 30–40 Minuten backen, bis sich eine goldbraune Kruste gebildet hat. Den Crumble am besten lauwarm mit einem Klecks Obers genießen.

Der Crumble ist eine beliebte Nachspeise und entstand während des 2. Weltkrieges in England, als Mehl, Zucker und Butter knapp waren. Da es unmöglich war, Kuchen, Pies oder Tartes zu backen, wurde der Teigboden kurzerhand weggelassen und das heiße Obst stattdessen mit Streuseln bedeckt.

4 Portionen, Zubereitung ca. 20 Minuten

Apfel-Karotten-Curry

1 große Zwiebel, gehackt
4 Knoblauchzehen, gehackt
600 g Karotten (Möhren), in dünnen Scheiben
2 säuerliche Äpfel, entkernt, in dünnen Scheiben
1 EL Öl
2 TL Currypulver
400 ml Gemüsesuppe
1 TL Ingwer, gehackt
Abgeriebene Schale einer Zitrone
100 ml Joghurt
1 TL Speisestärke

1/2 EL Öl erhitzen, Zwiebel darin weich dünsten, Knoblauch und Curry dazugeben und kurz anrösten. 200 ml von der Suppe, Ingwer und Zitronenschalen dazugeben und ca. 10 Minuten köcheln lassen. Den Joghurt dazugeben und die Soße mit dem Mixstab pürieren.
Karotten in 1/2 EL Öl anbraten, mit der restlichen Suppe aufgießen, 7 Minuten dünsten, Äpfel dazugeben, zudecken und weitere 3 Minuten dünsten. Speisestärke mit 3 EL Wasser glatt rühren und gemeinsam mit der Joghurtsoße zum Karotten-Apfel-Mix geben. Unter Rühren noch weitere 2–3 Minuten köcheln.

„An apple a day keeps the doctor away (Ein Apfel pro Tag hält den Doktor fern)" ist eine aus Wales stammende Redewendung, die ursprünglich „Eat an apple on going to bed, and you'll keep the doctor from earning his bread (Iss einen Apfel vorm Zubettgehen und der Doktor verdient nichts mehr)" lautete.

4 Portionen, Zubereitung ca. 20 Minuten

Apfel-Laibchen

1 kg süße Äpfel, grob geraffelt
150 g Weizenvollmehl
1–2 Eier,
Rosinen nach Belieben
Zimt
Honig
Rapsöl zum Backen

Mehl, Eier, Rosinen, Zimt und Honig mit den Apfelraspeln mischen. Mit dem Löffel kleine Laibchen formen und in eine Pfanne mit heißem Öl oder Butter knusprig backen. Auf Küchenkrepp abtropfen lassen, mit Zimt bestreut servieren.

Zu den süßen Apfelsorten zählen unter anderem Golden und Red Delicious, Jonagold, Gala, Rubinette und Fuji.

4 Portionen, Zubereitung ca. 15 Minuten

Karamelläpfel

4 säuerliche Äpfel
20 g gehobelte Mandeln
150 g Zucker
30 g Butter
4 dicke Holzstäbe

Die Stäbe in die Äpfel stecken. Die Mandeln ohne Fett goldbraun rösten und abkühlen lassen.
Den Zucker in einem kleinen Topf langsam erhitzen, bis er hellbraun karamellisiert. Von der Herdplatte nehmen und Butter unterrühren. Karamell mit einem Löffel zügig über die Äpfel verteilen, sofort mit Mandeln bestreuen und fest werden lassen.

Fruchtige Riesenlollis: Diese Äpfel am Stiel sind nicht nur für Kinder eine hervorragende Nascherei, sondern auch hervorragendes Fingerfood für Erwachsene. Tipp: Besonders schick wird's, wenn statt normaler Holzspieße richtige Zweige verwendet werden.

4 Portionen, Zubereitung ca. 10 Minuten

Karotten-Apfel-Aufstrich

2 Karotten (Möhren), fein geraspelt
1–2 säuerliche Äpfel, fein geraspelt
Saft einer Zitrone
150 g Magertopfen (Quark)
3 EL Crème fraîche
Salz, Pfeffer

Apfelraspel mit Zitronensaft beträufeln.
Den Magertopfen mit der Crème fraîche verrühren, das „Raspelgut" hinzufügen und mit Salz und Pfeffer abschmecken.

Schmeckt hervorragend auf getoastetem Brot und ist sehr gesund: Neben den Powerstoffen des Apfel liefern die Karotten ordentlich viel Vitamin A, K, B_6 und Folsäure (B_9).

4 Portionen, Zubereitung ca. 15 Minuten

Apfelfleckerl

1 kg Äpfel, geschält, fein geraspelt
40 dag Fleckerl (Teigwaren)
50 g Brösel
50 g Haselnüsse, gerieben
2 EL Butter
2 TL Zimt
6 EL Staubzucker (Puderzucker)

Fleckerl in Salzwasser bissfest kochen, abseihen. Äpfel mit Zucker und Zimt vermengen. Butter zerlassen und Brösel und Nüsse leicht anrösten. Fleckerl, Äpfel und Brösel gut vermengen und in eine Auflaufform geben. Im Ofen bei 180 °C Ober- und Unterhitze etwa 5 Minuten überbacken.

Die Apfelfleckerl sind an sich nur Grundrezept und lassen sich x-beliebig verfeinern und abwandeln. Mit Kirschen, Marillen oder Birnen, aber auch auf pikant mit einer Zwiebel oder gutem Winterkraut – da kommt es auf Fantasie und Gaumen an.

2 Portionen, Zubereitung ca. 15 Minuten

Wärmender Hafer-Apfel-Brei

5 EL Haferflocken
250 ml Wasser-Milch-Mix
1 Apfel
1 TL Walnüsse, gerieben
Etwas Honig und Zimt

Haferflocken mit Wasser/Milch-Mischung in einem Topf aufkochen und auf kleiner Flamme ca. 15 Minuten einkochen. Bei Bedarf noch Wasser dazugeben. Geriebenen Apfel und Walnüsse zu den Haferflocken geben. Mit Honig und Zimt abschmecken.

Ein schneller Brei, der wunderbar im Winter von innen wärmt. Haferflocken gelten in der Traditionellen Chinesischen Medizin als Immunkraft-Nahrung: Sie wärmen und stimulieren das Qi, fördern die Verdauung und leiten feuchte Kälte aus dem Körper.

4 Portionen, Zubereitung ca. 15 Minuten

Apfel-Pastinaken-Suppe

1 Zwiebel, gehackt
2 EL Olivenöl
1 TL Currypulver
450 g Pastinaken (2–3), geschält, in mundgerechten Stücken
2 Äpfel, geschält, entkernt, grob zerkleinert
150 ml Hühnersuppe
1 El Butter
3 gehäufte EL Crème fraîche
1 Handvoll Croûtons
Salz, schwarzer Pfeffer
1 Handvoll frischen Thymian

Zwiebel (mit Öl, Curry und einer Prise Salz) in einem großen Topf glasig dünsten. Thymian, Pastinaken und Äpfel unterrühren und weitere 5 Minuten unter Rühren dünsten. Mit der Suppe ablöschen und mit Salz und Pfeffer abschmecken.
Ohne Deckel etwa 15–20 Minuten leicht köcheln, bis die Pastinaken gar sind. Die Suppe mit dem Pürierstab pürieren, eventuell noch einmal abschmecken. Butter und Crème fraîche gut unterrühren und mit Croûtons bestreut und einem Klecks Crème fraîche servieren.

Der leicht süßliche, aromatische Geschmack der Pastinaken harmoniert gut mit der sauren Süße der Äpfel. Kaufen Sie eher kleine Pastinaken, die schmecken viel feiner als die großen, dicken, holzigen Wurzeln.

4 Portionen, Zubereitung ca. 18 Minuten

Camembert-Burger

4 Camembert-Stücke, mittig halbiert
3 Äpfel, entkernt, am Stück in dünne Scheiben
4 EL Mandelblättchen
4 TL Honig
Butter zum Anbraten

Auch im Alten Testament wusste man Apfelbäume zu schätzen: „Wie eine Rose unter Dornen, so ist meine Freundin unter den Töchtern. Wie ein Apfelbaum unter den wilden Bäumen, so ist mein Freund unter den Söhnen."

Apfelscheiben in wenig Butter mit Honig kurz anbraten (Achtung: nicht zu viele Apfelscheiben in die Pfanne, besser nach und nach) und gegen Ende die Mandeln dazugeben. Wenn sie glasig sind, die Äpfel aus der Pfanne direkt auf den Käse legen, die zweite Käsehälfte obenauf, und mit etwas Küchengarn vorsichtig wie ein Paket verschnüren.
In der gleichen Teflonpfanne den Käse auf beiden Seiten kurz anbraten – spätestens wenn er anfängt, seitlich zu rinnen, aus der Pfanne nehmen und servieren.

4–5 Einmachgläser, Zubereitung ca. 20 Minuten

Apfel-Dattel-Chutney

1 kg Äpfel, entkernt, grob gewürfelt
200 g rote Zwiebeln, fein gewürfelt
Ca. 6 cm Ingwerwurzel, fein gewürfelt
150 g Datteln, entsteint, grob gewürfelt
Je 150 ml Apfelsaft und Apfelessig
75 g Pinienkerne
180 g brauner Zucker
1 TL Salz
1/2 TL gemahlener Koriander
1 Prise Nelkenpulver

Alles zusammen in einem Topf etwa 2 Stunden köcheln lassen – noch heiß randvoll in saubere Einmachgläser füllen. Dieses Chutney passt hervorragend zu Gegrilltem, Fisch, Fleisch und Käse.

Vorsicht beim Dattel-Kauf: Die billigen Trockenfrüchte sind oft mit Kunstdünger und Pestiziden behandelt. Besser zu biologischen Produkten greifen.

4 Portionen, Zubereitung: 20 Minuten

Apfel-Tomaten-Suppe

2 EL Butter
1 Zwiebel, in feinen Scheiben
500 g reife Tomaten, geschält, entkernt, gewürfelt
4 Äpfel, gewürfelt
125 g frische Liebstöckelblätter (Maggikraut)
1,2 l Hühnersuppe
Salz, Pfeffer

Butter in einem großen Topf erhitzen und die Zwiebel bei mittlerer Hitze darin anbraten.
Die Tomaten, die Äpfel und den Liebstöckel hinzufügen, 2–3 Minuten unter Rühren kochen.
Die Suppe hineingießen und 30 Minuten köcheln lassen.
Die Suppe mit dem Pürierstab oder im Mixer pürieren – mit Salz und Pfeffer abschmecken.

Tomaten sind botanisch gesehen eigentlich Beeren und passen nicht nur geschmacklich wunderbar zu Äpfeln. Der italienische Name „pomodoro" leitet sich nämlich von der lange Zeit gebräuchlichen Bezeichnung „Goldapfel" ab.

4 Portionen, Zubereitung ca. 10 Minuten

Flotter Rüben-Salat

500 g Rote Rüben (Rote Bete), gewaschen, geschält, fein geraspelt
2 Äpfel, geschält, entkernt, fein geraspelt
150 ml Sauerrahm (saure Sahne)
Saft einer Zitrone
50 g Walnüsse, gehackt
50 g Sonnenblumenkerne
Salz

Aus Sauerrahm und Zitronensaft eine Marinade rühren. Mit den Rüben- und Apfelraspel gut vermischen, kurz ziehen lassen. Die Nüsse und Kerne untermischen und mit etwas Salz abschmecken.

In einem alten Studentenlied heißt es: „Ich habe eine Liebste, die ist wunderschön, / Sie zeigt mir ihre Äpfelchen, da ist's um mich gescheh'n. / Doch als mir meine Liebste der Liebe Frucht gesteht, / Da hab' ich meinen Hosenlatz verflucht und zugenäht."

4 Portionen, Zubereitung ca. 12 Minuten

Zucchini-Apfel-Gratin

1 kg Zucchini, in 2-mm-Scheiben
4 rotschalige Äpfel, entkernt, in schmalen Scheiben
100 ml Obers (Sahne) oder kalorienärmerer Ersatz: Joghurt oder Sojacreme
1 Ei
1 gehäufter EL Majoran
100 g Grana Padano, grob geraspelt
Etwas Fett für die Form
Salz, Pfeffer

Backofen auf 200 ° vorheizen. Zucchinischeiben und Apfelspalten (mit der Schalenseite nach oben) abwechselnd in eine gefettete ofenfeste Form schichten. Das Obers steif schlagen, das Eigelb unterziehen, die Masse dann noch ein wenig vorsichtig weiterschlagen, mit Salz, Pfeffer und Majoran würzen und über die Zucchini und Äpfel gießen. Den Käse darüberstreuen.
Das Ganze mit Alufolie abdecken und im Ofen (Mitte, Umluft 180 °C) ca. 15 Minuten backen. Die Folie entfernen und das Gratin rund 15 bis 20 Minuten weiterbacken, bis der Käse goldgelb ist.

Eine wunderbare Beilage zu Fleischgerichten, schnell und einfach – wer mag kann es mit Tomaten, Jungzwiebeln und/oder Lauch verfeinern.

4 Portionen, Zubereitung ca. 15 Minuten

Zdenka Omas Apfelknödel

1 kg Äpfel, geschält, entkernt, klein gewürfelt
Saft und Schale einer 1/2 Zitrone
2 Eier
300 g Mehl
1 Prise Salz
Zimt zum Bestreuen

Apfelwürfel mit Zitronensaft beträufeln. Aus Eiern, Mehl, Zitronenschale und Salz einen festen Teig kneten, die Äpfel gut untermengen – 20 Minuten ziehen lassen. Rund acht Knödel daraus formen und in leicht wallendem Salzwasser etwa 20 Minuten kochen.
Variante: Die Masse auf zwei Backpapieren verteilen, einrollen, die Enden zubinden und wie Serviettenknödel kochen – so verkocht die Masse nicht so leicht.
Die Knödel behutsam herausnehmen, mit Zimt bestreuen und eventuell mit Erdbeersoße servieren.

Als Vorfahre unseres heutigen Apfelbaums gilt die Wildart Malus sieversii, die heute noch an den Gebirgshängen oberhalb von Alma Ata in Kasachstan vorkommt. Alma Ata heißt übersetzt „Stadt des Apfels".

4–6 Portionen, Zubereitung ca. 20 Minuten

Schnelle Apfeltarte

250 g Mehl
4 EL Zucker
200 g Butter in Flöckchen
1 Ei
750 g säuerliche Äpfel, entkernt, evtl. geschält, in nicht zu dünnen Spalten
Salz

Mehl, 3 EL Zucker, Butter, Ei und eine Prise Salz mit den Händen zu einem Mürbeteig verkneten. Eine Tarteform (Menge ist für ca. 28 cm Durchmesser) einfetten, den Teig in die Form drücken, am Rand etwas hochziehen und den Boden mit einer Gabel mehrmals ein stechen. Mit Apfelspalten belegen, mit dem restlichen Zucker bestreuen und im Backofen bei 220 °C etwa 20 Minuten backen. Die Äpfel sollten weich sein, gegebenenfalls noch einige Minuten weiterbacken.

Äpfel, wie auch anderes heimisches Obst, müssen nicht unbedingt gekauft werden. Viele Streuobstwiesen laden zum Sammeln ein – einen guten, allerdings noch im Aufbau begriffenen Überblick über die Obstwiesen Europas bietet (www.zukunft-streuobst.de).

4 Portionen, Zubereitung: 22 Minuten

Apfelrisotto

400 g Risotto-Reis
2 Schalotten, fein gewürfelt
2 kleine, eher saure Äpfel, geschält, entkernt, in feinen Würfeln
100 ml Apfelsaft, ungesüßt
100 ml Prosecco
500 ml Hühnersuppe, heiß
Etwas Olivenöl
50 g Butter
50 g Parmesan, frisch gerieben
Salz, Muskatnuss

Schalotten in Olivenöl anschwitzen, den Reis dazugeben, glasig andünsten und mit Apfelsaft und Prosecco ablöschen. Unter ständigem Rühren nun den heißen Fond nach und nach dazugießen und den Risotto schön cremig, aber al dente dünsten. Nach etwa 12 Minuten die Apfelwürfel dazugeben. Abschließend die Butter und den Parmesan einrühren und mit Salz und etwas Muskat abschmecken.

Apfelfans sollten unbedingt einmal das Obstmuseum Pomarium Anglicum in Winderatt nahe Flensburg besuchen, der Apfelkundler Meinolf Hammerschmidt hat dort etwa 720 verschiedene Apfelsorten und weiß zu jedem Baum nette Anekdoten (www.alte-obstsorten.de/museum.htm).

4 Portionen, Zubereitung ca. 20 Minuten

Apfel-Tiramisu

Ca. 30 Biskotten
Kakaopulver
250 ml Obers (Sahne)
3 TL Sahnesteif
400 g Apfelmus
50 ml naturtrüber Apfelsaft
3 TL Löskaffee
1 TL Apfelbrand

Obers halbfest schlagen, Sahnesteif dazugeben und fertig steif schlagen. Apfelmus vorsichtig unterheben. Eine eckige Auflaufform mit Frischhaltefolie auslegen.
Den Saft mit Löskaffee und Brand verrühren. Ein Drittel der Biskotten mit der Unterseite kurz tauchen und die Form damit auslegen. Ein Drittel der Apfelcreme daraufstreichen. Immer abwechselnd schichten, die Creme-Oberfläche glatt streichen. Mit Frischhaltefolie abdecken und mindestens 2 Stunden kühl stellen. Mit Kakaopulver bestreut servieren.

Warum heißt New York Big Apple? Das NYC-Museum erklärt es so: In den 20er Jahren wurden die Pferderennstrecken der Stadt ‚apple' genannt – Journalist John Fitzgerald vom Morning Telegraph schrieb über ein Rennen unter dem Titel ‚Around the Big Apple' - und der Spitzname war geboren.

Apfelmus sollte nie fehlen: 1 Kilo Äpfel geviertelt in rund 4 EL Wasser mit Vanilleschote und jeweils 2 EL Zucker und Zimt 20 Minuten köcheln und danach alles pürieren –evtl. durch ein Sieb streichen und mit Zitronensaft verfeinern. Mit Apfelmus lassen sich viele Speisen verfeinern, unser Artdirektor Oskar würzt damit sogar sein Gulasch.

4 Portionen, Zubereitung ca. 10 Minuten

Apfel-Zwiebel-Gemüse

120 g rote Zwiebeln, in feinen Ringen
150 g Äpfel, entkernt, in feinen Spalten
30 g Butter
80 g Cocktailtomaten, halbiert
1 EL Kerbel, gehackt
Salz, Pfeffer

Butter zerlassen, Zwiebeln darin anschwitzen, die Äpfel ein bis zwei, die Tomaten eine weitere Minute mitschwitzen. Mit Salz, Pfeffer und Kerbel würzen.

Dieses Gemüse passt hervorragend zu gegrilltem Fisch, besonders gut schmeckt es mit einer Ruck-Zuck-Rieslingsoße: Schalotte in Butter anschwitzen, Riesling, Fischfond, Obers dazugeben, etwas einkochen, reduzieren und mit Pfeffer und Salz abschmecken.

Die Beerenfamilie: Verlockende Universalgenies

Sie gelten als Gesundheitsfood schlechthin. Sie liefern effektive Antioxidantien, der Farbstoff Anthocyan kräftig, stärkt und beugt Entzündungen vor, Ballaststoffe tun Darm, Verdauung und Figur gut, Ellagsäure, Gerbsäuren & Co sind potente Virenkiller, und dann gibt's da noch Quercetin, Resveratrol, Salicylsäure etc. In jeder Mega-Food-Hitliste sind immer wieder einige Vertreter der Beerenfamilie zu finden. Aber die „Früchte voller Süße", wie Goethe sie nannte, sind auch in der Küche Top-Allrounder: ob frisch gepflückt, als süßes Dessert oder fruchtige Begleitung zu Fleisch, Fisch oder Gemüse.

Brombeere

Die dunkle Schwester der Himbeere ist als Kulturpflanze seit 150 Jahren bekannt. Die Beere lässt sich schlecht lagern, also frisch pflücken oder auf dem Markt pralle und unversehrte Exemplare aus heimischer Produktion kaufen. In der Küche sind nicht nur die Beeren, sondern – wie bei fast allen Familienmitgliedern – die Blätter zum Einsatz bereit: Ein Aufguss aus jungen Blättern – fünf Minuten ziehen lassen, abseihen – hat sich z.B. gegen Husten, Schnupfen, zum Gurgeln bei Halsweh und kühl als Kompresse gegen unreine Haut bewährt.

Erdbeere

Erdbeeren sind das erste heimische Obst im Frühsommer, kalorienarm und ausgesprochen gesundheitsfördernd. Sie reifen nicht nach und halten im Gemüsefach des Kühlschranks zwei, drei Tage – daher besser frisch und vollreif einkaufen. Gute Qualität erkennt man am frischen Grün des Kelchblatts, an der unversehrten, glänzenden Frucht ohne weiche und weiß-rosa Stellen. Ruck-zuck-Beauty-Tipp: Der Saft einer Erdbeere, auf einen Pickel getupft, lässt ihn über Nacht verschwinden.

Heidelbeere

Kein Jahr vergeht, ohne dass Forscher wieder neue Studien über die gesunde Heidelbeere veröffentlichen – sie gilt bei den Weisen der Welt als die Geheimwaffe für Gesundheit und Vitalität. Reife Heidelbeeren haben einen weißlichen Belag, sind prall und unversehrt. Sie reifen noch nach und halten im Gemüsefach bis zu eine Woche. Waldheidelbeeren liefern mehr Vitamine, Kulturbeeren sind zuckerhaltiger. Bitte Waldbeeren gut waschen und ggf. kochen – Fuchsbandwurm-Gefahr!

Himbeere

Der Nährstoff-Mix der Himbeere hat antivirale und antikanzerogene Eigenschaften, hilft Leber, Nieren, Herz-Kreislauf-System und Verdauung, ist fiebersenkend und festigt die Gefäße. Allerdings sind diese Beeren sehr empfindlich und sollten unversehrt, prall und gleichmäßig gefärbt sein. Feuchtigkeit in der Packung lässt sie sehr schnell schimmeln. Da sie sich schlecht lagern lassen, sollte man sie rasch verarbeiten oder einzeln aufgelegt einfrieren.

Erdbeere, roh (100 g)

32 kcal/135 Kilojoule
0,5 Broteinheiten
5,5 g Kohlenhydrate, gesamt
2 g Ballaststoffe
0,8 g Eiweiß/0,4 g Fett
89,9 g Wasser
4 µg Biotin (Vitamin B_7)
44 µg Folsäure (Vitamin B_9)
57 mg Vitamin C
164 mg Kalium
2,3 g Fructose, 2,2 g Glucose

Rigatze (Jostabeere)

ist eine Kreuzung zwischen Schwarzer Johannisbeere und Stachelbeere. Die winterfeste Beere wächst stärker als ihre Eltern und ist resident gegen allerlei Krankheiten. Geschmacklich erinnert sie an eine saftige Stachelbeere mit heidelbeerartigem Aroma. Vom Geheimtipp hat sich die Beere dank Einsatz in diversen Wellness-Drinks zum Beeren-Highlight entwickelt. Sie eignet sich zum Frischverzehr, Einfrieren und wegen des hohen Pektin-Gehalts auch gut für Gelees und Marmeladen.

Preiselbeere

Die säuerlich-herben Beeren sind der Parade-Begleiter von Wild – doch sie können viel mehr. Von alters her gelten sie als Appetitanreger und Wunderwaffe gegen Blasenentzündung und Reizblase. Preiselbeeren reifen je nach Lage von August bis Oktober und halten bei kühler Lagerung und hoher Luftfeuchtigkeit bis zu acht Wochen. Roh isst man sie kaum, aber verarbeitet zu Mus, Saft oder Kompott schmecken sie sehr gut.

Ribisel

Ob weiß, rot oder schwarz – Ribiseln sind wahre Vitaminbomben. Sie stärken nachweislich das Immunsystem, regen Magensäureproduktion und Darm an, stärken Leber, Galle und Lunge und machen unsere Gefäße widerstandsfähiger und elastischer. Beim Einkauf sollten die Beeren an den Rispen hängen, prall und glänzend sein. Dann halten sie sich im Gemüsefach bis zu drei Tage. Erst kurz vor Zubereitung die Beeren von den Rispen (am besten mit einer Gabel) streifen.

Stachelbeere

In der ayurvedischen Medizin gilt sie als verjüngend, stärkend und regenerierend – aber auch westliche Studien belegen die gesundheitsfördernden Wirkungen. Stachelbeeren sind blutreinigend, Herz-Kreislauf-stärkend, rheumalindernd und Beauty-Booster für Nägel, Haare und Bindegewebe. Unreif sind sie zum Kochen und fein für Kompott, Marmeladen, Kuchen & Co und halten bis zu drei Wochen im Kühlschrank. Reife Stachelbeeren sollten binnen einiger Tage verbraucht oder eingefroren werden oder am besten frisch genossen werden.

Heidelbeere, roh (100 g)

37 kcal/153 Kilojoule
0,5 Broteinheiten
6 g Kohlenhydrate, gesamt
4,9 g Ballaststoffe
Je 0,6 g Eiweiß und Fett
86,2 g Wasser
11 µg Folsäure (Vitamin B_9)
22 mg Vitamin C
44 µg Vitamin K
78 mg Kalium
3,3 g Fructose, 2,4 g Glucose

4 Portionen, Zubereitung ca. 20 Minuten

Cassata-Parfait mit Ribiseln

150 g Joghurt
1 EL Zitronensaft
Etwas Zucker nach Geschmack
2 Eiweiß, steif geschlagen
250 g Ribiseln (Johannisbeeren), entstielt

Joghurt mit Zitronensaft und Zucker glatt rühren, Eiweiße unterziehen. 50 g der Beeren unter die Masse ziehen und in eine mit Frischhaltefolie ausgelegte passende Form füllen. Mindestens 5 Stunden im Gefrierfach lassen. Die restlichen Beeren pürieren, durch ein Sieb streichen und mit Zucker abschmecken. Danach die Parfaitform in heißes Wasser tauchen, stürzen, Folie abziehen, auf Teller verteilen und mit der Beerensoße servieren.

Ein lockeres Sommer-Dessert, das für Figurbewusste mit den gesunden Zucker-Alternativen Stevia oder Sukrin (www.sukrin.org/de) kaloriensparend gesüßt werden kann.

4 Portionen, Zubereitung ca. 15 Minuten

Beeriges Gratin

800 ml Orangensaft
Abgeriebene Schale einer Orange
1 Pkg. Bourbon-Vanillezucker
900 g gemischte Beeren (frisch oder tiefgekühlt)
Etwas Staubzucker (Puderzucker) zum Bestäuben
250 ml Obers (Sahne)

Orangensaft in einem Topf auf etwa 200 ml einkochen und abkühlen lassen. Schalen und Vanillezucker einrühren, Beeren in vier kleinen ofenfesten Formen verteilen und mit Staubzucker bestäuben.
Den Backofen auf 250 ° C vorheizen. Das Obers steif schlagen, mit dem Saft verrühren und über die Beeren gießen. Die Formen auf die obere Schiene in den Backofengrill schieben und 5 bis 7 Minuten gratinieren – bis die Oberfläche eine leichte Bräunung hat. Warm servieren.

Erdbeeren, Himbeeren und Brombeeren sind botanisch gesehen keine Beeren, sondern Sammelnussfrüchte. Das Fruchtfleisch ist nur eine Scheinfrucht, während die eigentlichen Früchte die kleinen gelben Körner an der Oberfläche sind.

4 Portionen, Zubereitung ca. 10 Minuten

Gebratene Erdbeeren

400 g Erdbeeren, gewaschen, entstielt
50 ml Olivenöl
1 TL Fenchelsamen
1 EL Balsamicoessig

Öl in einer beschichteten Pfanne erhitzen und die Samen etwa 2 Minuten darin rösten. Die Erdbeeren hinzufügen und in dem aromatischen Öl etwa 4 Minuten schwenken. Den Essig darüberträufeln, nochmals alles ca. 1 Minute ziehen lassen – und sofort warm servieren.

Die frühen, noch nicht so intensiv schmeckenden Erdbeeren eignen sich besonders dafür und sind eine sensationelle Beilage zu mariniertem Lachs oder auch gegrilltem Fisch aller Art.

4 Portionen, Zubereitung ca. 15 Minuten

Heidelbeer-Tarte

180 g Mehl
1 TL Backpulver
1 TL Zimt
1 TL Ingwer
40 g Butter, kalt, in Stücken
90 g brauner Zucker
125 ml Buttermilch
200 g Heidelbeeren, frisch oder tiefgekühlt
150 ml Obers (Sahne)

Alle Zutaten zu einem Teig verarbeiten und in eine Tarteform geben. Die Heidelbeeren auf dem Teig verteilen. Bei 170 °C Heißluft 25 Minuten backen. Mit frisch geschlagenem Obers servieren.

Tarte bezeichnet in der französischen Küche einen Kuchen aus einer speziellen Art von Mürbeteig, der sowohl herzhaft als auch süß belegt sein kann.

4 Portionen, Zubereitung ca. 10 Minuten

Knackige Beeren-Eierspeise

1 rote Paprikaschote, eingelegt, gegrillt oder frisch, in Streifen
125 g Ribiseln (Johannisbeeren)
1 Handvoll Koriandergrün, gehackt
4 Eier
2 EL Olivenöl
Salz, Pfeffer

Die Eier verquirlen, salzen und pfeffern und mit Beeren, Paprika und Koriander vermengen. Das Olivenöl in einer Pfanne erhitzen, die Eiermasse hinzufügen und bei schwacher Hitze ca. 5 Minuten langsam garen. Dabei immer wieder mit dem Gabelrücken leicht andrücken. Das Omelett servieren, sobald die Masse gestockt ist.

Ist das Ei noch frisch? Sinkt es in Salzwasser nach unten ist es frisch, schwimmt es aber oben, dann bitte nicht mehr verwenden.

4 Portionen, Zubereitung ca. 15 Minuten

Brombeeren-Espuma

300 g Brombeeren
1 EL Kristallzucker
3 Blatt Gelatine
200 ml Prosecco

Beeren mit Zucker pürieren und passieren. Gelatine einweichen, den Prosecco erwärmen und die Gelatine im Prosecco auflösen. Ins Püree einrühren. Die ganze Mischung in eine Schlagobersflasche (Schlagsahne-flasche) füllen und zwei Kapseln einschrauben. Flasche schütteln und mind. 4 Stunden kühl stellen. Dieser Schaum ist eine sensationelle Alternative zu Schlagobers oder Mousse und passt hervorragend zu Torten aller Art.

Espuma ist ein spanisches Mousse und wurde von Molekularküchen-Guru Ferran Adrià erstmals in seinem Restaurant El Bulli an der Costa Brava serviert

4 Portionen, Zubereitung ca. 25 Minuten

Erdbeer-Risotto

40 g Schalotten, klein gewürfelt
250 g Erdbeeren, gewürfelt
20 g Butter
250 g Risotto-Reis
150 ml Weißwein
400 ml Gemüsefond
Salz, schwarzer Pfeffer
20 g Butter
Etwas Parmesan, gehobelt
Einige Erdbeeren im Ganzen

Schalotten in Butter farblos schwitzen, Reis auf einmal dazugeben und unter Rühren glasig schwitzen.
Mit Wein ablöschen, weiterrühren, bis der Wein etwa zur Hälfte weg ist. Die Hälfte der Erdbeeren einrühren, Fond nach und nach dazugießen, jeweils nur so viel, dass der Reis gerade bedeckt ist. Unter Rühren ca. 15 Minuten garen lassen.
In den letzten 2, 3 Minuten die restlichen Erdbeeren einrühren, salzen, pfeffern, Parmesan und Butter untermischen. Mit Erdbeeren und Parmesan garniert servieren.

Risotto ist das wohl berühmteste Reisgericht, ursprünglich aus Norditalien, und lässt sich nur mit speziellem Rundkornreis mit hohem Stärkegehalt zubereiten. Die beliebtesten Sorten sind: Arborio, Vialone nano, Originario und Carnaroli.

4 Portionen, Zubereitung ca. 15 Minuten

Erdbeer-Gazpacho

1 gelber Paprika, geschält, entkernt, grob gewürfelt
1 roter Paprika, geschält, entkernt, grob gewürfelt
1 kleine Salatgurke, geschält, entkernt, grob gewürfelt
600 g reife Erdbeeren
1–2 Knoblauchzehen, gepresst
100 g Weißbrot ohne Rinde, grob gewürfelt
150 ml Olivenöl
25 ml Rotweinessig
Salz, Pfeffer
1 Handvoll essbare Blüten zum Garnieren

Alle Zutaten gut mischen und gut pürieren.
Mit den Gewürzen abschmecken, kurz kalt stellen und mit Blumen dekoriert kalt servieren.

Gazpacho ist eine kalte Suppe aus Andalusien. Sie geht auf die Mauren zurück und war ursprünglich eine Knoblauchsuppe aus Gurken, Brot, Knoblauch, Olivenöl, Essig, Salz und Wasser.

4 Portionen, Zubereitung ca. 10 Minuten

Preiselbeer-Soße

100 g Zucker
100 ml Wasser
100 g Preiselbeeren
Ca. 3 cm Zimtstange
Saft einer Zitrone
65 ml Zweigelt

Den Zucker mit Wasser, den Beeren, Zimt, Wein und Zitronensaft sämig einkochen. Zimt entfernen und mixen. Diese Soße ist ein perfekter Spiegel für Süßspeisen (z. B. Mousse und Rotweinbirne), aber auch sehr gut zu Wildgerichten aller Art.

Preiselbeeren gelten als Appetitwecker, das nutzten die Omas anno dazumal voll aus: Wenn die Kinder morgens vor Schule keine Lust aufs wichtige Frühstück hatten, gab sie ihnen gleich nach dem Aufstehen etwas Preiselbeermus mit Zucker.

6 Portionen, Zubereitung ca. 15 Minuten

Himbeer-Crème-brûlée

200 g Himbeeren
4 Eigelb
8 EL Zucker
400 ml Obers (Sahne)
200 ml Milch
Mark einer Vanilleschote
6 Himbeeren zum Garnieren

Himbeeren auf 6 ofenfeste Formen aufteilen. In einer Schüssel die Eigelbe mit 2 EL Zucker zu einer dicken Creme schlagen. Obers und Milch mit Vanillemark und -schote in einem Topf bei schwacher Hitze erwärmen – nicht kochen! – und abkühlen lassen.

Den Obersmix nach und nach unter Rühren zur Eigelbcreme in die Schüssel gießen. Diese Mischung erneut in einem Topf unter ständigem Rühren erhitzen. Die Creme in die Förmchen gießen und mindestens 4 Stunden, aber am besten über Nacht im Kühlschrank setzen lassen.

Vor dem Servieren 1 EL Zucker auf jeder Creme verteilen und mit dem Brenner karamellisieren.

Eine Himbeere in die Mitte setzen und die Zuckerkruste ca. 20 Minuten fest werden lassen.

Der Philosoph Denis Diderot (1713–1784) und Autor der großen französischen Encyclopédie und des erotischen Skandalerfolgs „Les bijoux indiscrets" schwärmte über die Himbeere, sie sehe aus wie die „feuchte Brustwarze einer Amme".

4 Portionen, Zubereitung ca. 30 Minuten

Englischer Sommerpudding

9 Scheiben Weißbrot oder Toast, ohne Rinde
700 g Beeren nach Wahl
75 g Zucker
Ein paar frische Beeren
Staubzucker (Puderzucker) zum Garnieren

Sechs Puddingformen mit Brot auskleiden, die Scheiben dafür nach Bedarf zerkleinern. Die Formen müssen vollständig ausgekleidet sein, es dürfen keine Lücken sichtbar sein. Die Beeren mit Zucker und 250 ml Wasser in einem Topf zum Kochen bringen. Rühren, bis die Beeren weich werden und Saft austritt. In jede Form etwas Saft löffeln, um das Brot zu tränken. Dann die Beeren auf die Formen verteilen, zusammendrücken, damit so viele Beeren wie möglich in die Formen passen und das Brot den Saft gut aufnehmen kann. Die Puddinge mit Brot bedecken, Saft drauflöffeln, bis kein weißes Brot mehr zu sehen ist. Auskühlen lassen und mit Frischhaltefolie bedecken und einfrieren.
Vor dem Servieren ein paar Stunden bei Raumtemperatur auftauen lassen. Folie entfernen, stürzen und mit frischen Beeren und Staubzucker garnieren.

Brotpudding gibt es weltweit in allen Variationen – von süß bis fleischig. Der berühmteste ist sicher der britische Christmas Pudding. In Deutschland kennt man die Armen Ritter, in Mexiko Capirotada, in Ägypten gibt es das süße Om Ali und sogar die Wachau hat ihren Brotpudding.

4 Portionen, Zubereitung ca. 15 Minuten

Beeren-Crumble

90 g Haferflocken
120 g brauner Zucker
35 g Mehl
3 EL kalte Butter
600 g gemischte Beeren nach Wahl

Den Ofen auf 180 °C vorheizen. Die Haferflocken, Zucker, Mehl und Butter vermengen, bis sich gleichmäßige Streusel bilden. Die Früchte in einer feuerfesten Schale verteilen und mit der Mischung bedecken. Ohne Deckel ca. 30 bis 40 Minuten im Ofen backen, bis die Früchte kochen und in der Mitte ganz gar sind. Schmeckt am besten lauwarm.

Für dieses Rezept können auch tiefgefrorene Beeren verwendet werden – ist dann zwar nicht so schmackhaft und gesund, kann aber die Winterzeit „beeriger“ machen.

4 Portionen, Zubereitung ca. 15 Minuten

Sommersalat mit Stachelbeeren

200 g reife Stachelbeeren, halbiert
200 g junge rote Rüben (rote Bete), geschält, in dünnen Scheiben
50 g Zwiebeln, in dünnen Scheiben
100 g Erbsen, frisch
1 große Handvoll frische Kräuter
4 EL Dillblüten
300 g Salatblätter nach Wahl, klein gezupft

Für die Vinaigrette etwa 4 EL Apfelessig mit 4 EL Walnussöl verquirlen und mit 1 EL Zucker, 1 Prise Paprikapulver, Salz, Pfeffer und einer Handvoll frisch gehackter Kräuter unterrühren – und mit allen Salatingredienzien gut vermischen.

Die ersten jungen und kleinen Rote-Rüben-Knollen, die es ab Mai bei uns gibt, schmecken sehr gut – je älter, größer und leider auch holziger die Rüben werden, desto weniger schmecken sie roh.

4 Portionen, Zubereitung ca. 10 Minuten

Heidelbeerauflauf

300 g Heidelbeeren
175 g Mehl
125 ml Sauerrahm (saure Sahne)
80 g Butter
250 ml Milch
4 Eier
2 EL Zucker
Schale von 1/2 Zitrone

Backofen auf 200 ° C vorheizen, die Butter in einer Auflaufform schmelzen lassen. Milch mit Mehl, Zitronenschale und Eigelb verrühren, Eiweiß steif schlagen und unter den Teig ziehen. Die zerronnene Butter in der Form gut verteilen, überschüssiges Fett ableeren. Den Teig in die Auflaufform verteilen, die Heidelbeeren daraufgeben und 20 Minuten im Ofen backen. Den Sauerrahm mit dem Zucker sämig verrühren, über den Heidelbeerauflauf gießen und alles noch einmal 10 Minuten backen, bis er goldbraun ist.

Ob Blaubeere, Schwarzbeere, Blueberry oder Heidelbeere – aus dem Wald oder als Kulturbeere: Anthocyan, der blaue Farbstoff dieser Beeren, fördert die Blutbildung, die Elastizität der Gefäße, hemmt die Entstehung von Entzündungen und tut dem Darm und der Verdauung gut.

Eine Torte, Zubereitung ca. 25 Minuten

Sündige Heidelbeertorte

150 g weiße Schokolade
70 g Cornflakes
400 ml Obers (Sahne)
500 g Magertopfen (Magerquark)
1-2 TL Gelatinepulver
100 g Zucker
300 g Heidelbeeren, frisch oder tiefgekühlt
1 Pkg. Vanillezucker
2 TL Speisestärke

Schokolade grob hacken und in einer Schüssel im heißen Wasserbad schmelzen. Cornflakes untermischen, bis sie vollständig von Schokolade umhüllt sind. Den Boden einer Springform mit Backpapier auslegen und den Cornflakes-Schoko-Mix darauf verteilen, dabei leicht andrücken. 30 Minuten kühl stellen.Obers steif schlagen, den Topfen mit dem Handrührer cremig rühren, dabei Gelatinepulver einrieseln lassen und 1 Minute weiterrühren. Zucker unterrühren, Obers in mehreren Portionen vorsichtig unterheben. Die Topfen-Obers-Masse in die Form geben, gleichmäßig verteilen und mind. 4 Stunden kalt stellen. Heidelbeeren in einem Topf mit Vanillezucker und 3–4 EL Wasser mit Stärke mischen und bei mittlerer Hitze unter gelegentlichem Rühren alles einmal aufkochen (Tiefkühl-Beeren erst mit etwas Wasser und Zucker bei mittlerer Hitze auftauen lassen und erst dann die Stärke dazugeben) – beiseitestellen und abkühlen lassen. Die Torte aus der Springform lösen und auf eine Platte geben. Kurz vor dem Servieren die Heidelbeeren darauf verteilen.

ORAC-Untersuchungen (Oxygen Radical Absorbance Capacity) haben gezeigt, dass die Früchte der Heidelbeere eine deutlich größere antioxidative Wirkung haben als anderes heimisches Obst oder Gemüse.

4 Einmachgläser, Zubereitung ca. 15 Minuten

Stachelbeersoße

500 g Stachelbeeren
1 EL Apfelessig
200 ml Rohrzucker
1/2 TL Rosmarin, fein gehackt
4 Kardamomkapseln, frisch gemahlen
1 cm Ingwer, frisch gerieben
Mark von 1/2 Vanillestange
Salz

Beeren mit allen Zutaten in einem Topf zum Kochen bringen und 5 Minuten köcheln lassen. Durch eine Kartoffelpresse oder feines Sieb drücken – zurück in den Topf geben und weitere 5 Minuten kochen lassen. In saubere Gläser füllen und luftdicht an einem kühlen und dunklen Ort aufbewahren. Hält ein paar Monate und passt hervorragend zu gebratenem oder gegrilltem Fisch.

Unter anderem sind Beeren reich an dem Spurenelement Silizium, das nicht nur bei schwachen Blutgefäßen und Bindegewebsschwäche helfen, sondern auch für schöne Haut, Nägel und Haare sorgen kann.

6 Einmachgläser, Zubereitung ca. 15 Minuten

Mirabellen-Josta-Chutney

800 g Mirabellen, entkernt, würfelig
500 g Jostabeeren
2 große Zwiebeln, gehackt
150 g brauner Zucker
200 g Gelierzucker, 3:1
100 ml Himbeeressig
Saft einer Zitrone
1 Handvoll Basilikum, gehackt
Salz, Pfeffer
Koriander, gemahlen
2 Gewürznelken, zermörsert

Alle Zutaten in einen Topf geben, gut vermengen und langsam, unter stetigem Rühren aufkochen. Dann ca. 15 Minuten auf kleiner Flamme weiter köcheln und ab und zu umrühren. Wenn die Zwiebelstückchen glasig sind und die Masse eine dunkelrote Farbe angenommen hat, ist das Chutney fertig zum Abfüllen in Einmachgläser. Dieses Chutney hält im Kühlschrank mehrere Monate und passt perfekt zu Fleisch, Huhn und Fischgerichten.

Wer keine Jostabeeren-Marmelade selbst machen will: Die beste auf dem Markt macht die deutsche Marmeladen-Manufaktur Rosenrot & Feengrün im Spreewald (Info: rosenrot-und-feengruen.tumblr.com).

6 Einmachgläser, Zubereitung ca. 15 Minuten

Beeren-Zucchini-Marmelade

500 g Jostabeeren
500 g Zucchini, grob geraspelt
500 g Himbeeren
5 g Zitronensäure
500 g Gelierhilfe, 3:1
250 g Zucker

Beeren, Zucchini-Raspeln und Zitronensäure in einen großen Topf geben. Gelierhilfe mit dem Zucker verrühren und zu den Früchten geben. Gut durchmischen und unter ständigem Rühren zum Kochen bringen. Dann 1 Minute sprudelnd kochen lassen. Abschäumen, Gelierprobe machen und in vorbereitete, heiß ausgespülte Einmachgläser füllen. Gläser fest verschließen, 5 Minuten umgedreht auf die Deckel stellen. Umdrehen und auskühlen lassen.

Klingt – zugegeben – etwas schräg, aber die Zucchini geben dem Brotaufstrich ein ganz besonderes und erfrischendes Aroma – wer viele Beeren im Garten hat, kann diese Ruck-zuck-Marmelade gleich für kleine Geschenke machen, denn bis Weihnachten hält sie an einem kühlen, dunklen Ort allemal.

6 Portionen, Zubereitung ca. 15 Minuten

Brombeer-Schnee

450 g Brombeeren
2 Eiweiß, geschlagen
50 g Zucker
300 ml Crème double

Brombeeren durch ein Sieb streichen. Das gewonnene Püree etwa 2 Stunden einfrieren, bis es kristallisiert. Zucker in den Eischnee unterrühren, Crème double aufschlagen und Eischnee unterheben. Gefrorenes Püree grob zerstoßen und rasch unter die Creme heben, so dass ein marmorierter Effekt entsteht – auf 6 Gläser verteilen und sofort servieren.

Der Schnee schmeckt köstlich, ist aber wegen der Crème double nichts für figurbewusste Ernährung – bereits 100 ml liefern über 400 Kilokalorien. Ich verwende daher immer einen sämigen Topfen-Milch-Mix, das Dessert ist dann nicht so sündig, schmeckt aber noch immer gut.

6 Portionen, Zubereitung ca. 15 Minuten

Grantennocken

5 EL Milch
150 g glattes Mehl
1 Ei
100 g Feinkristallzucker
1 Prise Salz
500 g Preiselbeeren
Butterschmalz oder Ghee zum Ausbacken

Alle Zutaten zu einem zähen Teig verrühren. In einer beschichteten Pfanne etwas Butterschmalz erhitzen, aus den Teigen mit Hilfe eines Löffels Nocken formen und diese beidseitig goldbraun backen. Wer mag kann die Nocken noch in Läuterzucker (Wasser und Zucker 1:1) kurz aufkochen.

Granten sind Preiselbeeren – allerdings nur in Tirol, Kärnten, der Steiermark und in Teilen Bayerns. Was allerdings österreichweit gilt und auf die sauerherben Granten zurückzuführen ist: Missmutige und säuerliche Menschen heißen Grantler oder Grantscherben.

Die Birne: Homers Lieblingsobst

Mit dem Veredeln der Birne, die Homer Gabe der Götter nannte, beschäftigte man sich schon im antiken Griechenland. Die Römer setzten die Arbeit fort und brachten mindestens 40 Sorten über die Alpen. In Mitteleuropa war der Obstbau im Mittelalter eine Sache der Klöster, bis Mitte des 17. Jahrhunderts die Birne zur Modefrucht der europäischen Höfe avancierte. Später gehörte der Birnbaum zu den wichtigsten Schutzbäumen unserer Häuser, Zweige über der Tür sollten Hexen verjagen und bei jeder Ernte wurden einige Früchte den Baumgeistern gelassen.

Vom Zweig in den Topf

Ursprünglich aus dem Kaukasus und Anatolien, wachsen Birnen heute überall, größter Produzent ist China, und es gibt rund 5000 verschiedene Sorten. Grob werden sie in zwei Typen unterteilt: Mostbirnen für Saft und Schnaps, Tafelbirnen als Obst.

Allen Birnen gemein ist ihre Form, farblich variieren sie von grün über gelb bis rot – die Farbe ist sortenabhängig und kein Hinweis auf Reife. Richtig reife Birnen erkennt man daran, dass sie bei leichtem Druck auf das Stielende nachgeben. Zu beachten ist, dass sich die Früchte grundsätzlich außen fester anfühlen, als sie es innen sind. Zusätzlich sind ein angenehmer Birnenduft und eine glatte, unverletzte Schale Zeichen für Qualität. Druckstellen lassen sie schnell faulen, daher werden die sensiblen Früchte oft unreif gepflückt – da es aber klimakterische Früchte sind, reifen sie nach der Ernte weiter, ohne jedoch jemals ihr volles Aroma zu erreichen.

Zuhause lagert man unreife Früchte bei Raumtemperatur, reife bleiben ein paar Tage im Kühlschrank frisch. Wenn Birnen zusammen mit Äpfeln oder Trauben liegen, reifen sie schneller und besser. Tipp: Birnen sind kapriziös, empfindlich und leicht verderblich, daher werden sie oft stark mit Giftstoffen und Polierwachsen „präpariert" – deshalb möglichst nach Bio- oder heimischen Sorten Ausschau halten und vor dem Verzehr gut waschen.

Gut für Magen, Darm und die Laune

In Bezug auf die Inhaltsstoffe sind Birnen den Äpfeln ähnlich: Sie liefern viele Nährstoffe, erreichen aber keine überdurchschnittlichen Werte. Allerdings hat die Birne einen fast doppelt so hohen Rohfasergehalt, mit weniger Vitamin C und wesentlich niedrigerem Säuregehalt. Das macht sie zur idealen Schonkost, sie ist vor allem für magen- und darmempfindliche Menschen bekömmlich und fördert gleichzeitig die Darmperistaltik. Achtung: Rohe und unreife Birnen können den Verdauungstrakt empfindlicher Menschen aber ordentlich quälen.

Dank ihrer Mineralstoffe sind sie entwässernd und helfen, Schwermetalle und schädliche Lebensmittelzusätze auszuscheiden. Daher bescheinigen ihnen Ernährungswissenschaftler eine positive, entgiftende und entschlackende, Herz-Kreislauf-stärkende Wirkung. Naturärzte empfehlen Birnen gegen Bluthochdruck und bei Schnupfen & Co zur Reinigung der Schleimhäute. Kurz gekocht, sollen sie auch helfen, Harnsäure auszuscheiden, und werden daher bei Gicht, Rheuma und Arthritis empfohlen. Zudem sorgen ihre basischen Mineralien für eine gute Säure-Basen-Balance und die Folsäure macht sie zur Gute-Laune-Kost und vertreibt den Winterblues im Nu. Übrigens: Genauso wie beim Apfel sitzen auch bei der Birne die meisten Inhaltsstoffe in oder knapp unter der Schale.

… übrigens

Auch ein Tee aus Birnenschalen schmeckt sehr gut.

Birnenhonig von Hildegard von Bingen hilft gegen Kopfschmerzen und Migräne: 5 ungeschälte Birnen weich kochen und pürieren, 200 g kalt geschleuderten Honig im Wasserbad auf 37 °C erwärmen und mit 20 g Fenchelwurzpulver, 15 g Galgantpulver, 10 g Süßholzpulver und 8 g Mauerpfefferpulver und dem Birnenmus verrühren.
In Einmachgläser füllen und im Kühlschrank aufbewahren: 1 TL morgens auf nüchternen Magen, 2 TL nach dem Essen,
3 TL vor dem Schlafengehen.

Bei trockenem Husten und Infekten der Atemwege bringt Birnensaft oder -kompott Erleichterung.

4 Portionen, Zubereitung ca. 30 Minuten

Tre-Formaggi-Risotto con pera

120 g Schalotten, fein gewürfelt
1 Knoblauchzehe, fein gewürfelt
3 EL Olivenöl
200 g Risotto-Reis
Salz, Pfeffer
100 ml Weißwein
450 ml Gemüsesuppe
2 Birnen, klein gewürfelt
50 g Parmesan, gerieben
60 g junger Gruyère-Käse, klein gewürfelt
60 g Gorgonzola, klein gewürfelt
1 EL Birnenschnaps
50 g Bündner Fleisch, in mundgerechten Streifen
1 Bund Schnittlauch, in Röllchen

Schalotten und Knoblauch in einem Topf im heißen Öl anschwitzen. Den Reis dazugeben und glasig dünsten. Mit Salz und Pfeffer würzen und mit Wein ablöschen. Kurz aufkochen und 50 ml Suppe dazugeben. Den Reis bei milder Hitze unter Rühren schmoren, bis alle Flüssigkeit aufgesaugt ist.
Erneut etwas Suppe zugießen und unter Rühren weiter schmoren. Diesen Vorgang wiederholen, bis die Flüssigkeit verbraucht und der Reis bissfest gar ist (ca. 20–25 Minuten).
Die Birne, den Parmesan, Gruyère und Gorgonzola 2 Minuten vor Ende der Garzeit zum Risotto geben und unter Rühren schmelzen. Mit Salz, Pfeffer und Birnenschnaps würzen. Mit Bündner Fleisch und Schnittlauchröllchen vermengt servieren.

Bündnerfleisch ist gepökeltes Fleisch aus der Oberschenkelmuskulatur eines Rinds und eine Spezialität und eingetragene Marke (GGA) des Kantons Graubünden. Wer's zarter mag, kann die italienische Variante, den Bresaola, nehmen.

4 Portionen als Beilage, Zubereitung ca. 20 Minuten

Birnen-Lauch-Gemüse

2 Stangen Lauch, ca. 2 cm dicke Ringe
2 feste Birnen, geschält, entkernt, in Spalten
Saft einer großen Zitrone
1 EL Butter
2 EL Honig
Salz
Pfeffer
100 ml Gemüsesuppe
1 EL Thymianblättchen

Birnenspalten mit Zitronensaft beträufeln. Butter in einem Topf schmelzen, Honig dazugeben und etwas aufschäumen lassen. Lauch und Birnen dazugeben und 4 Minuten dünsten. Mit Salz und Pfeffer würzen. Suppe dazugeben und weitere 4 Minuten zugedeckt köcheln lassen. Gehackte Thymianblättchen untermischen.

Lauch und Birnen sind eine sensationelle Kombination, die ganz vielfältig eingesetzt werden kann. So schmeckt zum Beispiel auch eine Lauch-Birnen-Soße oder ein Chutney wunderbar.

4 Portionen, Zubereitung ca. 15 Minuten

Birnen-Steaks

2 reife Birnen, geschält, entkernt, in Spalten
Saft einer großen Zitrone
4 Steaks nach Wahl
Salz, Pfeffer
Muskatnuss, frisch gerieben
2 EL Butterschmalz
120 g Bergkäse, grob geraspelt

Birnenspalten mit Zitronensaft beträufeln. Steaks rundum mit Salz, Pfeffer und Muskatnuss würzen. Im heißen Butterschmalz auf beiden Seiten 2 Minuten braten. Herausheben und in eine ofenfeste Form geben. Birnen im Bratfett auf jeder Seite 1 Minuten anbraten und auf die Steaks verteilen.
Käseraspel über die Birnen verteilen und im heißen Ofen bei 200 °C Ober- und Unterhitze 10–12 Minuten goldbraun überbacken.

Das MostBirnHaus in Ardagger, gleich neben dem schönen Landhaus Stift Ardagger in der Nähe von Amstetten, präsentiert alles Wissenswerte über die Mostviertler Birnen (www.mostbirnhaus.at).

4 Portionen, Zubereitung ca. 25 Minuten

Grenadine-Birnen auf süßem Couscous

Schale und Saft von 2 Limetten
175 ml Karottensaft (Möhrensaft)
2 EL Zucker
75 g Couscous
50 g getrocknete Marillen (Aprikosen), klein gewürfelt
20 g gehackte Pistazien
1 Granatapfel, Kerne ausgelöst
75 ml Grenadinesirup
Mark von 1 Vanilleschote
4 kleine, feste Birnen, geschält, längs halbiert, entkernt
25 kleine Minzeblätter

Den Saft einer Limette mit 75 ml Karottensaft und Zucker aufkochen, Couscous unterrühren. Vom Herd nehmen und 7 Minuten quellen lassen. Mit einer Gabel auflockern. Marillen und Pistazien untermischen. Granatapfel aufbrechen und die Kerne herauslösen. Grenadinesirup, übrigen Karotten- und Limettensaft und Vanillemark verrühren. Birnen in einer feuerfesten Form mit der Sirupmischung begießen. Im vorgeheizten Ofen auf der 2. Schiene von unten bei 220 °C (Umluft 200 °C) 20–25 Minuten backen, dabei einmal wenden. Couscous auf Tellern anrichten. Mit Birne, Granatapfel und Minze anrichten und den Sirup darüberträufeln.

Ursprünglich wurde Grenadine aus dem Saft von Granatäpfeln, Zucker und Wasser gemacht – heute ist es teilweise bloß Zuckersirup mit Aroma. Tipp von einem Barmixer: Der Fruchtsirup von Riemerschmid soll am besten schmecken.

4 Portionen, Zubereitung ca. 20 Minuten

Gewürzbirnen mit Käse

4 Birnen, halbiert, entkernt
40 g Butter
2 TL abgeriebene Zitronenschale
4 EL Ahornsirup
4 EL Weißwein
1 Wildgewürzmischung
250 g französischer Weichkäse
4 Blätter Backpapier, Küchengarn

Von der runden Seite der Birnenhälften je eine dünne Scheibe abschneiden, damit die Birnen gerade liegen und nicht umfallen. Je 2 Birnenhälften mittig auf 1 Bogen Backpapier setzen.
Die Butter zerlassen und mit Zitronenschale verrühren. Birnen mit je 1 EL Ahornsirup und Wein beträufeln. Dann mit je 1/4 TL Wildgewürzmischung bestreuen und mit der Zitronenbutter beträufeln.
Papier über den Birnen wie ein Bonbon zudrehen, Enden mit Garn verschließen. Birnenpäckchen im vorgeheizten Backofen bei 200 °C Ober- und Unterhitze auf der 2. Schiene von unten 20 Minuten garen. Gemeinsam mit dem Käse servieren.

Das Wildgewürz lässt sich natürlich sehr gut selbst machen, es gibt aber auch viele sehr gute Fertig-Mischungen. Ich verwende am liebsten das – ohne jetzt Werbung machen zu wollen – Wildgewürz von Johanna Maier. So gut kriegt man's selbst nie hin!

4 Portionen, Zubereitung ca. 25 Minuten

Linsensalat mit Birnen und Lauch

300 g rote Linsen, nach Anleitung gekocht
1 Stange Lauch, in feinen Ringen
4 EL Apfelessig
1 EL Honig
100 g Sauerrahm (saure Sahne)
4 EL Walnussöl
100 ml Gemüsesuppe
1 Bund Schnittlauch, in Röllchen
2 große Birnen, entkernt, geviertelt, dünne Scheiben
50 g Haselnüsse
Salz, Pfeffer

Für die Salatsoße Essig, Honig, 1/2 TL Salz, Pfeffer, Rahm, Öl und Suppe kräftig verrühren. Die Birnen, den Lauch, Schnittlauch und Soße vermengen. Die Linsen kalt abspülen, gut abtropfen lassen und unter den Salat rühren – mit Nüssen bestreut servieren.

Theodor Fontane setzte dem gütigen Herrn von Ribbek und seinem Birnbaum ein literarisches Denkmal: „Herr von Ribbeck auf Ribbeck im Havelland, / Ein Birnbaum in seinem Garten stand, / Und kam die goldene Herbsteszeit, / Und die Birnen leuchteten weit und breit, / Da stopfte, wenn's Mittag vom Thurme scholl, / Der von Ribbeck sich beide Taschen voll, …"

4 Portionen, Zubereitung ca. 8 Minuten

Birnen-Chili-Kompott

1 kg Birnen, geschält, entkernt, in 1 cm großen Würfeln
Saft einer großen Zitrone
400 ml Apfelsaft
2 Lorbeerblätter
4 Sternanis
2 rote Chilischote
Salz

Birnen mit Zitronen- und 120 ml Apfelsaft mischen. Mit Lorbeer, Sternanis, längs halbierter Chilischote und 1 Prise Salz in einem kleinen Topf zugedeckt aufkochen. 10–15 Minuten weich dünsten. Passt hervorragend zu Brathuhn, Leber oder Wildbraten.

Chili ist ein Klassiker im Winter. Sein Capsaicin löst im Körper einen wärmenden Effekt aus.

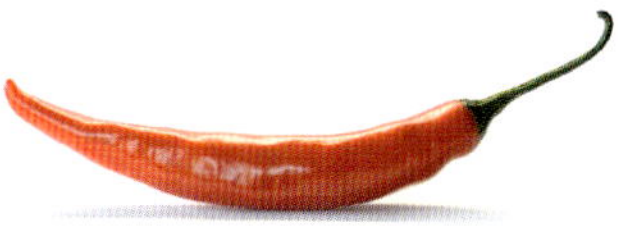

10 Portionen, Zubereitung ca. 25 Minuten

Birnen-Roquefort-Aufstrich

50 ml Weißwein
Saft einer Zitrone
2 TL Zucker
1 Birne, geschält, entkernt, klein gewürfelt
1/2 TL gehackter Rosmarin
1 TL Honig
150 g Frischkäse
50 g Sauerrahm (saure Sahne)
Salz, Pfeffer
120 g Roquefort

Weißwein mit Zitronensaft und Zucker aufkochen, die Birnenwürfel im Weißweinsud bei mittlerer Hitze 10–15 Minuten offen garen: Die Birnenwürfel sollen weich sein, aber nicht vollständig zerfallen.
Mit Rosmarin und Honig würzen und abkühlen lassen. Frischkäse mit Rahm gut verrühren und mit Salz und Pfeffer würzen. Roquefort zerbröseln und mit dem Birnenkompott locker unter die Frischkäsecreme heben. Passt wunderbar zu Profiteroles.

Roquefort ist ein grün-blau marmorierter Blauschimmelkäse aus roher Schafmilch, der in der Region rund um das französische Dorf Roquefort-sur-Soulzon in Rouergue hergestellt wird. 1925 erhielt er als erster französischer Käse das AOC-Siegel für eine kontrollierte Herkunftsbezeichnung.

4 Portionen, Zubereitung ca. 18 Minuten

Schinken mit Birnen

100 ml trockener Sherry
100 g Zucker
3 reife Birnen, geschält, entkernt, geviertelt
12 dünne Scheiben Serranoschinken
Chiliöl zum Beträufeln

Sherry, 250 ml Wasser und den Zucker in einer Pfanne aufkochen lassen. Die Birnen in die Flüssigkeit legen und 15 Minuten kochen, bis die Birnen weich sind. Die Pfanne vom Herd nehmen, die Birnen im Sud abkühlen lassen. Jede Birne in eine Schinkenscheibe wickeln und mit Chiliöl beträufelt servieren.

Serrano ist ein luftgetrockneter spanischer Schinken, für den das Fleisch hellhäutiger Hausschweine verwendet wird. Daher auch der spanische Name „jamón de pata blanca“ (Schinken von der weißen Haxe).

4 Portionen, Zubereitung ca. 15 Minuten

Ingwer-Birnen-Gemüse

1 rote Chilischote, entkernt, fein geschnitten
30 g frischer Ingwer, geschält, in hauchdünnen Scheiben
1 Bund Jungzwiebeln, in Ringen
500 g reife Birnen, entkernt, in feinen Scheiben
Saft einer großen Zitrone
2 EL Rapsöl
200 ml Orangensaft
2 EL Sojasoße
Salz, Pfeffer

Birnen mit Zitronensaft beträufeln. Öl erhitzen. Chili und Ingwer darin andünsten, Jungzwiebeln und Birnen dazugeben, kurz mitdünsten.
Mit Orangensaft ablöschen, Sojasoße und Salz dazugeben, 3–4 Minuten dünsten.
Mit Salz und Pfeffer würzen und servieren.
Passt hervorragend zu gegrilltem Fisch.

Nicht nur die Frucht, auch das Holz ist beliebt: Das dichte, harte, feinfaserige und gleichmäßig gemaserte Holz der Wildbirne dient seit dem Mittelalter Schnitzern und Holzschneidern zur Herstellung von Modeln für Gebäck und Stoffdruck.

4 Portionen, Zubereitung ca. 10 Minuten

Birnen-Carpaccio

2 TL Ahornsirup
2 EL Balsamicoessig
Salz, Pfeffer
Je 2 EL Haselnuss- und Olivenöl
40 g Parmesan, grob geraspelt
100 g Rucola, harte Stiele entfernen
4 mittelgroße Birnen, entkernt, in sehr dünnen Scheiben
1 EL gehackte Haselnusskerne

Sirup, Essig, Salz und Pfeffer gut verrühren, Öle kräftig darunterschlagen. Die Birnenscheiben kreisförmig auf Tellern anrichten, Rucola und Käse in die Mitte geben, mit der Vinaigrette beträufeln und mit Nüssen bestreuen.

Neben Ahorn ist Birnbaumholz das am meisten verwendete Holz für Blockflöten. Außerdem wird es auch als Schnitzholz, in der Bildhauerei, für Zeichengeräte und als Drechslerholz verwendet.

4 Portionen, Zubereitung ca. 20 Minuten

Thymianlamm mit Pastis-Birnen

1 TL Fenchelsamen, im Mörser zerstoßen
6 Wacholderbeeren, im Mörser zerstoßen
1 Handvoll Thymianblättchen
1 Bund Lauchzwiebeln, in schrägen Ringen
2 Birnen, entkernt, in feinen Spalten
2 EL Olivenöl
600 g Lammlachse
Salz, Pfeffer
1 EL Butter
40 ml Pastis

Öl in einer Pfanne erhitzen, Lamm mit Fenchel, Wacholder, Salz und Pfeffer würzen und im heißen Öl etwa 8 Minuten von allen Seiten braten. Thymian hinzufügen, Fleisch darin gut wenden und in Alufolie gewickelt 5 Minuten ruhen lassen.
Einstweilen Butter zum Bratfett geben, Lauchzwiebeln und Birnen kurz anbraten und mit Pastis ablöschen. Bei mittlerer Hitze ca. 3 Minuten köcheln lassen.
Das Lamm in Scheiben schneiden und mit den Birnen und – je nach Geschmack – einer Polenta oder mit Bratkartoffeln servieren.

Als Lachs wird küchensprachlich der Kernmuskel (langer Rückenstrecker) des Rückens des Tieres bezeichnet. Es ist der meist magere Teil, zwar etwas faseriger und trockener als das benachbarte Filet, dafür aber frei von Sehnen.

4 Portionen, Zubereitung ca. 28 Minuten

Birnen, Bohnen und Speck

4 Zwiebeln, in Streifen
300 g durchwachsener geräucherter Speck am Stück
1 l Gemüsesuppe
600 g grüne Bohnen (Fisolen), in mundgerechten Stücken
4 Birnen, entkernt, geachtelt
2 TL gehacktes Bohnenkraut
Salz, Pfeffer
2 TL Speisestärke

Zwiebeln mit dem Speck am Stück in die Suppe geben, aufkochen und sanft 15 Minuten kochen. Dann die Bohnen zum Speck geben, weitere 5 Minuten garen. Dann die Birnen und das Bohnenkraut zu den Bohnen geben und weitere 5 Minuten kochen. Alles mit Salz und Pfeffer würzen. Speck herausnehmen, in Stücke schneiden und wieder untermengen. Die Speisestärke in kaltem Wasser auflösen und den Eintopf damit leicht binden. Dazu passen Salzkartoffeln sehr gut.

Dieses deftige Gericht ist vor allem in Norddeutschland sehr beliebt und wird regional auch mit dem plattdeutschen Namen „Beer'n, Bohn un Speck", „Grööner Hein", „Grönen Heini" bezeichnet.

4 Portionen, Zubereitung ca. 18 Minuten

Sündige Birnen

2 feste Birnen, entkernt, halbiert
175 g brauner Zucker
50 g Bitterschokolade, gerieben
250 ml Obers (Sahne)
25 g gemahlene Haselnüsse
1 Eigelb
50 g gehackte Haselnüsse

150 g Zucker in einem halben Liter Wasser aufkochen lassen. Wenn er vollständig aufgelöst ist, die Birnenhälften in den Sirup gleiten lassen und bei schwacher Hitze ziehen lassen – anschließend im Sirup erkalten lassen.
Backofen auf 180 °C vorheizen. Das Obers in einem Topf erhitzen und die Schokolade unterrühren, die gemahlenen Haselnüsse rasch untermengen.
Das Eigelb mit dem restlichen Zucker schaumig schlagen und unter die Schokomasse ziehen.
Die Birnen aus dem Sirup nehmen, abtropfen lassen und in dünne Scheiben schneiden. In einer Auflaufform mit Schokomix übergießen und den gehackten Nüssen bestreuen und 10 Minuten im Ofen garen.

„Saftig und süß, sie ist auf der Zunge weich und körnig, wie zuckriger Sand zergeht sie im Mund" – so wird im Film „Stadt der Engel" mit Meg Ryan und Nicolas Cage der Geschmack einer Birne erklärt.

4 Portionen, Zubereitung ca. 5 Minuten

Radicchio-Birnen-Salat

1 Radicchio, in groben Stücken
2 EL Weißweinessig
1/2 TL Senf
1 EL Ahornsirup
4 EL Sonnenblumenöl
2 EL Olivenöl
2 reife Birnen, entkernt, in dünnen Scheiben
Salz, Pfeffer

Für die Vinaigrette alle Zutaten in einem Rexglas (Einkochglas) gut mixen und über den Salat geben. Kurz vor dem Servieren die Birnenstücke unterheben.

Der bittere Geschmack des Radicchio kommt vom Bitterstoff Intybin, der entwässert, entschlackt, die Verdauung ankurbelt, der Darmflora guttut und das Immunsystem unterstützt.

6 Portionen, Zubereitung 25 Minuten

Pochierte Riesling-Birnen

1/2 Flasche (375 ml) Weißwein, Riesling
3–4 gehäufte EL Zucker
Schale und Saft von ca. 1/2 Bio-Zitrone
6 Birnen, geschält, entkernt und halbiert
150–200 ml Obers (Sahne)
2 TL Staubzucker (Puderzucker)
2 EL Birnengeist
Evtl. Spiralen oder Spalten von 1 Bio-Zitrone zum Garnieren

Wein, 375 ml Wasser, Zucker, Zitronenschale und -saft aufkochen. Birnen im Weinsud bei schwacher Hitze 8–10 Minuten ziehen lassen und mindestens 4 Stunden oder über Nacht im Sud zugedeckt auskühlen lassen. Obers und Staubzucker halb steif schlagen, Birnengeist unterheben. Birnen evtl. fächerartig einschneiden. Mit etwas Obers, Zitronenspirale und Puderzucker anrichten.

Wichtig ist die Wahl der Birnen: Sie sollten kompakt und fest sein. Rotweinfans sollten die Birnen einfach mit ein bisschen Zucker in einem Sud von Rotwein, Zimt, Gewürznelken, Orangen- und Zitronenschalen und Pfefferkörnern etwa 10 Minuten pochieren und in der Flüssigkeit abkühlen lassen.

4 Portionen, Zubereitung ca. 15 Minuten

Birnen in Rotwein-Gelee

2 Birnen, geschält, entkernt, in Spalten
500 ml Rotwein
2 EL Zitronensaft
6 EL Zucker
5 Blätter rote Gelatine
250 g Obers (Sahne)
Etwas Zimtpulver

Rotwein mit Zitronensaft und 4 EL Zucker aufkochen und die Birnenspalten darin 5 Minuten bei milder Hitze pochieren. Rote Gelatine in kaltem Wasser einweichen. Birnenspalten auf 4 hohe Gläser verteilen, Gelatine ausdrücken, im Wein auflösen und darübergeben. Mindestens 4–6 Stunden kalt stellen.
Obers mit 2 EL Zucker (oder Süßstoff) aufschlagen, darauf verteilen und mit etwas Zimtpulver bestreuen. Dieses Dessert in hübschen Gläsern ist ein Blickfang, schmeckt wirklich sehr gut und ist bei vielen Gästen sehr praktisch. Es kann schon am Vortag vorbereitet werden und ist dann – wenn's drunter und drüber geht – schnell serviert.

Eine ganz besondere Essigspezialität bietet „Lenz Linie": Der Birnenbalsam-Essig schmeckt gut zu Salat, Birnen und in Soßen – aber z. B. auch mit kaltem Mineralwasser aufgegossen. Erhältlich bei www.trueffel.at.

4 Portionen, Zubereitung ca. 15 Minuten

Zimtjoghurt mit gedünsteten Birnen

4 nicht zu reife Birnen, geschält, entkernt, geviertelt
Saft von 2 Orangen
1/2 Zimtstange
2 Sternanis
60 g Zucker
250 ml Joghurt
100 ml Sauerrahm (saure Sahne)
1 Msp. gemahlener Zimt
100 ml Crème fine Vanille
40 g Schokoraspel

Zimtstange, Sternanis und 30 g Zucker mit Orangensaft und den Birnen in einem Topf aufkochen, von der Kochstelle ziehen und abkühlen lassen. Joghurt, Rahm, 30 g Zucker und Zimt verrühren. Crème fine steif schlagen und vorsichtig unterheben. Zimtjoghurt mit Birnen anrichten und mit Schokoraspeln bestreuen.

Die Hirschbirne, eine alte steirische Birnbaumsorte, wächst heute in größeren Beständen nur noch im Naturpark Pöllauer Tal, und das wurde 2006 vom Lebensministerium als Genussregion ausgezeichnet (www.naturpark-poellauertal.at).

4 Portionen, Zubereitung ca. 15 Minuten

Basilikum-Birnen

8 Birnenhälften, geschält, entkernt, mit Stiel
Saft von 1/2 Zitrone
250 ml Rotwein
2 EL Crème de Cassis
40 g Zucker
5 Basilikumblätter

Rotwein, Cassis und Zucker in einem Topf zum Kochen bringen, Birnen einlegen, mit 100 ml Wasser auffüllen und 4–5 Minuten köcheln lassen. Vom Herd nehmen und Basilikum unterheben. Birnen in der Flüssigkeit leicht abkühlen lassen, aus dem Sud heben und diesen auf die Hälfte reduzieren. Die Basilikumbirnen sind eine rasche und wunderbare Begleitung zu Geflügel aller Art.

Ludwig XIV. machte seinen Staatsgästen meist eine Birne zum Geschenk, seine „Bon Chrétien d'Hiver", die Winter-„Apothekerbirne" war im ganzen Land legendär. Und guten Freunden schickte der Sonnenkönig sie zur schnellen Genesung sogar per Kurier.

4 Portionen, Zubereitung ca. 10 Minuten

Schnelle Kokosbirnen

3 große, reife Birnen, geschält, geviertelt
100 ml Obers (Sahne)
1 Tafel zartbittere Schokolade
1 Handvoll Kokosraspel

Das Obers in einen kleinen Topf geben und die Schokolade darin schmelzen lassen – glatt rühren und etwas abkühlen lassen. Die Birnenviertel auf Teller verteilen, mit Schokosoße begießen und mit Kokosraspeln bestreuen.

Bis ins 16. Jahrhundert mussten Birnen gekocht werden, um essbar zu sein. Erst danach wurden in Frankreich und Italien die ersten Handbirnen gezüchtet, die ohne weitere Bearbeitung essbar waren.

Die Kirsche: Eine lukullische Sünde

Schon die Kelten sammelten Wildkirschen, die ersten veredelten gab es aber im Kaukasus. Lucullus, römischer Feldherr und Urahn aller Gourmets, kostete sie 54 v. Chr., benannte sie nach der Stadt Kerasos (heute Giresun, Türkei) und brachte sie nach Europa. Hier wurden sie bald zum Trendobst, doch mit der Christianisierung auch zur verbotenen Sünde. Kirschen standen für Sex, Lust, Fruchtbarkeit und Schönheit und waren der Todesgöttin Artemis geweiht. Und sie wurden mit allerlei „Hexerei" in Verbindung gebracht. Mein Favorit: Wenn man das Badewasser eines Neugeborenen an einen Kirschbaum schüttet, ist dem Kind ewige Schönheit garantiert.

Süßes und Saures für jeden Geschmack

Kirschen sind Süßkirschen und Weichseln eigentlich Sauerkirschen. „Dazwischen" gibt es viele Kreuzungen, z. B. Süßweichseln, Glaskirschen usw., insgesamt weit über 100, von schwarz bis rot und gelb, von kugelig bis herzförmig. Es gilt: Je intensiver die Farbe, desto aromatischer. Sind sie reif und frisch, dann ist der Stiel gerade, grün und geschmeidig.

Die Früchte müssen trocken, sauber, prall und nie rissig oder gequetscht sein (Schimmel!). Zudem sind sie druckempfindlich, daher immer die unteren kontrollieren und vorsichtig transportieren. Auch bei der Aufbewahrung sind sie sensibel, auf einem Teller im Kühlschrank halten sie zwei, drei Tage. Sie nehmen leicht Fremdgerüche an und sollten daher nicht bei geruchsintensiven Lebensmitteln stehen. Damit sie nicht ihren Saft verlieren, ist es ratsam, sie erst kurz vor Genuss zu waschen und zu entstielen. Wer auch im Winter Kirschen mag, sollte sie einfrieren – mit Stein oder ohne. Das Entkernen geht einfach, wenn die Kirschen einige Minuten im Gefrierfach ein festeres Fruchtfleisch bekommen haben.
Frisch vom Baum schmecken sie am besten, aber sie eignen sich auch für Kuchen, Strudel, Salat oder als extravagante Beilage zu Fleisch und Fisch. Tipp: Wenn Kirschen wurmig sein könnten (allemal besser als jegliche Pestizide), dann 15 Minuten in lauwarmes Wasser legen – dann kriechen die Dinger raus.

Für Schlaf, Sport und Schönheit

Kirschen sind gesund für Knochen, Zähne, Nervensystem und Blut – und die Kieselsäure macht schlau und schön (top für Bindegewebe, Haut und Haare). Dank ihrer entwässernden Wirkung entlasten sie Herz, Kreislauf, Leber und Nieren und gelten als ideales Diät-Obst; Naturmediziner empfehlen sie bei Parodontose, Arthritis, Kopfschmerzen und Verstopfung.

Ihr Elixier aber sind die sekundären Pflanzenstoffe, vor allem Polyphenole, besonders der rote Farbstoff (Anthocyan). Er wirkt entzündungshemmend, fängt freie Radikale, macht schöne Haut, beugt Krebs vor usw. Zudem zeigen klinische Studien, dass er für eine gesunde Darmflora sorgt, das Cholesterin und den Harnsäurespiegel senken und somit vor Gicht schützen kann. (Tipp: Kirschen als ideale Kombination zu purinreichem Grillgut!) Eine Studie der Universität Michigan lässt annehmen, dass Kirschen auch das Risiko für Entzündungen, Infarkte und Schlaganfälle minimieren und Übergewicht entgegenwirken können. Aber auch Sportler profitieren: Das British Journal of Sports Medicine berichtete, dass Kirschen nicht nur Muskelkater, sondern auch Entzündungen und den Gehalt an freien Radikalen nach einem Marathon signifikant verbessern können. Und schließlich hat auch der renommierte Schlafmediziner Wilfred R. Pigeon (Sleep Manual, New Holland Publishers) von der University in Rochester nur Gutes zu berichten: Sauerkirschensaft enthält das Schlafhormon Melatonin und kann als Schlummertrunk beim Durchschlafen helfen.

… übrigens

Wer über die Kirsche und ihre Sortenvielfalt mehr wissen will, sollte in Hagen am Teutoburger Wald vorbeischauen – so spannend wird Obst selten präsentiert (www.hagen-kirschenseiten.de).

Oliver Kuck ist amtierender Kirschkernweitspuck-Weltmeister: 2003 flog sein Kern 21,71 Meter weit (www.annakirmes.de).

Am 4. Dezember, am Barbaratag, soll man einen Kirschzweig in eine Vase stellen. Sind an Weihnachten Blüten da, so gibt's Glück und Segen im neuen Jahr.

In der Traditionellen Chinesischen Medizin werden Kirschen empfohlen, um die Hitze des Sommers besser zu verkraften und Milz und Magen zu stärken. Außerdem sollen sie Leber und Niere nähren.

4 Portionen, Zubereitung ca. 20 Minuten

Clafoutis

500 g Kirschen, entsteint
140 g Zucker
100 g Mehl
Salz
3 Eier
250 ml kalte Milch
Mark einer Vanilleschote
Butter für die Form

Backofen auf 190 °C vorheizen. Eine Auflaufform einfetten und die Kirschen darin verteilen und mit 50 g Zucker bestreuen. Mehl, Salz und Zucker (50 g) in einer Schüssel vermengen. Die Eier nacheinander unterschlagen und unter ständigem Rühren die Milch und das Vanillemark dazugeben. Alles zu einem glatten Teig verarbeiten und ihn über die Kirschen verteilen – den Auflauf 45 Minuten backen.

Ein Clafoutis ist eine französische Nachspeise, ein Mittelding zwischen Auflauf und Kuchen. Das klassische Clafoutis ist das Clafoutis aux cerises (mit Kirschen), wobei stilecht eigentlich Kirschen mit Stein verwendet werden. In Frankreich werden aber auch Clafoutis aus anderen Obstarten und pikante Clafoutis serviert.

Ein Blech, Zubereitung ca. 15 Minuten

Blechkuchen

250 g Joghurt
250 g Kristallzucker
4 Eier
1 Pkg. Vanillezucker
250 g Mehl, glatt
250 g Mehl, griffig
125 ml Rapsöl
1 Pkg. Backpulver
Etwas Butter zum Ausfetten
500 g Kirschen, entsteint

Joghurt, Zucker, Vanillezucker und Eier sehr gut schaumig rühren. Öl einfließen lassen und unterrühren. Das Backpulver unter das Mehl mischen und alles vorsichtig unterrühren.
Die Masse auf ein ausgefettetes Backblech streichen und mit den Kirschen belegen.
25–30 Minuten bei 170 °C mit Heißluft backen.

Seit 1967 wird im deutschen Witzenhausen am zweiten Juli-Wochenende die Kesperkirmes mit vielen Highlights rund um die Kirsche gefeiert, z. B. Wahl der Kirschkönigin, Deutsche Meisterschaften im Kirschsteinweitspucken oder Triathlon „Cherry Man".

4 Portionen, Zubereitung ca. 30 Minuten

Camembert mit Pfefferweichseln

400 g Weichseln, entsteint, grob gehackt
2 rote Zwiebeln, fein gehackt
4 Knoblauchzehen, fein gehackt
4 TL grüne Pfefferkörner, grob gemörsert
2 EL Olivenöl
Salz
4 TL Honig
500 g Camembert
4 EL Mehl
2 Eier
4 EL Mandeln, gemahlen
60 g Brösel
Butter zum Herausbacken

Das Öl in einem Topf erhitzen, Zwiebeln und Knoblauch darin andünsten. Sauerkirschen und Pfeffer dazugeben und zugedeckt bei schwacher Hitze etwa 10 Minuten dünsten. Mit Salz und Honig abschmecken und abkühlen lassen. Camembert je nach Größe in Viertel oder Achtel schneiden. Das Mehl auf einen Teller geben. Das Ei auf einem zweiten Teller verquirlen. Mandeln und Semmelbrösel auf einem Teller mischen. Die Käsestücke erst in Mehl wenden, dann durch das Ei ziehen und zum Schluss in der Bröselmischung wenden – die Panier gut andrücken.
Die Butter in einer beschichteten Pfanne erhitzen und die Käsestücke darin rundherum bei mittlerer bis starker Hitze etwa 10 Minuten goldgelb braten – mit den Weichseln servieren. Die Pfefferweichseln sind eine Universalbeilage, sie harmonieren nicht nur mit allen Arten von gebackenem Käse, sondern schmecken auch zu Fleisch, Fisch und Nudeln sehr gut.

Der Name Camembert de Normandie AOC ist eine geschützte Herkunftsbezeichnung: Nur ein in der Normandie aus Rohmilch hergestellter Camembert darf Camembert de Normandie genannt werden. Dagegen ist der Name Camembert frei für alle möglichen Weißschimmelkäse verwendbar.

4 Portionen, Zubereitung ca. 15 Minuten

Fruchtiges Huhn

1 Huhn
500 g Kirschen, entkernt
Etwas Paprikapulver
Salz, Pfeffer, Zimt
Etwas Butter
1 rote Zwiebel, halbiert
250 ml trockener Weißwein

Das Huhn mit Salz, Zimt, Paprika und Pfeffer gut würzen und mit den Kirschen füllen. In eine hitzebeständige Form die Butter, die Zwiebelhälften und das Huhn geben und im Backofen bei 180 °C etwa eine Stunde knusprig backen. Dabei mehrmals mit Wein bzw. dann mit dem Bratensaft übergießen.

„Mit dem ist nicht gut Kirschen essen" hat seinen Ursprung im Mittelalter. Kirschen waren teuer und rar. Das einfache Volk konnte sich Kirschen nicht leisten und musste sie stehlen. Erwischte ein Kirschbaumbesitzer Ungebetene bei seinem Baum, dann bespuckte er sie so lange mit Kirschkernen, bis sie flüchteten.

4 Portionen, Zubereitung ca. 20 Minuten

Kirschsuppe

700 g Kirschen ohne Stein
1 Stange Zimt
Etwa 100 g Zucker, nach Geschmack
2 EL Speisestärke
150 ml Sauerrahm (saure Sahne)
Einige Blätter Minze

Wer es ein bisschen schlanker will, kann statt des Zuckers Stevia verwenden. Und: Wer keine Speisestärke hat, kann auch Puddingpulver oder – schlanker – Johannisbrotkernmehl oder Guarkernmehl verwenden.

Etwa 500 g Kirschen mit 600 ml Wasser und der Zimtstange zum Kochen bringen und bei geringer Temperatur etwa 30 Minuten köcheln lassen. Zimtstange entfernen, Kirschen abkühlen lassen.
Die abgekühlten Kirschen in der Kochflüssigkeit pürieren und unter Rühren den Zucker darin auflösen (bei Kirschen aus dem Glas kann man evtl. auf den Zucker verzichten, abschmecken!).
Die restlichen Kirschen hinzufügen und die Suppe erneut aufkochen lassen. Die Speisestärke in etwas Wasser anrühren und die Suppe damit binden, dann vom Herd nehmen und den Sauerrahm einrühren.
Die Kirschsuppe kalt stellen und kalt mit Minzeblättern dekoriert servieren.

4 Portionen, Zubereitungszeit, ca. 15 Minuten

Kirsch-Pilaw

300 g Langkornreis
30 g weiße Zwiebeln, klein gewürfelt
20 g Butter
600 ml Gemüsefond
1/2 TL Fenchelsamen
200 g Sauerkirschen, entsteint
20 g zerlassene Butter
Pfefferminzblättchen zum Garnieren
Salz

Zwiebelwürfel in Butter glasig schwitzen, Fond dazugießen, aufkochen, den Reis beigeben und salzen. Fenchel einstreuen und alles 20 Minuten köcheln lassen. In den letzten 10 Minuten die Kirschen unter den Reis rühren.
Dann den Topf vom Herd nehmen, 2 Lagen Küchenpapier zwischen Topf und Deckel klemmen und den Reis etwa 10 Minuten ausdampfen lassen.
Vor dem Servieren den Reis mit einer Gabel auflockern, die zerlassene Butter einrühren und mit Pfefferminz garnieren. Der Kirsch-Pilaw schmeckt solo wunderbar, ist aber auch ein guter Begleiter zu gegrilltem Huhn oder Fisch.

Pilaw ist ein von Osteuropa bis Vorderasien verbreitetes Reisgericht, das es heute in den verschiedensten Varianten gibt. Die älteste Erwähnung findet sich in arabischen Büchern aus dem 13. Jh. (qabuli pulaw, ursprünglich nur mit Fleisch und Kichererbsen, heute meistens auch noch mit Mandeln und Rosinen).

4 Portionen, Zubereitung ca. 8 Minuten

Kirschiges Gemüse

300 säuerliche Kirschen, entkernt
4 Zweige Zitronenthymian, Blättchen abgezupft
2 EL Olivenöl
1 wenig scharfer Chili (Piment d'Espelette)
1 EL Balsamicoessig

Olivenöl in einer beschichteten Pfanne erhitzen und die Kirschen ca. 4 Minuten bei starker Hitze garen – dabei immer wieder schwenken.
Gegen Ende der Garzeit mit Chili würzen, die Thymianblättchen untermengen und mit Balsamico würzen.

Das Kirschgemüse ist eine wunderbare und sommerliche Beilage zu gegrilltem Fisch oder Fleisch. Und Piment d'Espelette gilt als französischer Gourmet-Chili und sollte in keinem Gewürzschrank fehlen.

4 Portionen, Zubereitungszeit ca. 10 Minuten

Blitzschneller Kirschschaum

300 g Kirschen, entsteint, zerkleinert
Zucker nach Geschmack
125 ml Obers (Sahne)
1 Handvoll Nüsse nach Geschmack, grob gehackt

Obers steif schlagen und mit den Kirschen mischen. Nüsse darüberstreuen – fertig.

Kirschenfans sollten auch einmal Kirschbier versuchen. Es gibt ein gutes von der deutschen Klosterbrauerei Neuzeller, aber richtig lecker ist das St. Louis Kirschbier aus Belgien.

Ein Kuchen, Zubereitung ca. 15 Minuten

Kirschen-Mijeule

4 Weggli in Stücken
400 ml Milch, lauwarm
2 Eier
100 g Zucker
80 g Butter, flüssig
Schale einer 1/2 Zitrone,
1 Prise Salz
3 EL Mandeln, gemahlen
1 TL Backpulver
500 g Kirschen, entsteint

Weggli in eine Schüssel geben, mit der Milch übergießen, ca. 5 Minuten ziehen lassen. Eier und Zucker rühren, bis die Masse hell ist. Eingeweichte Weggli, Butter, Zitronenschale, Mandeln, Backpulver und etwas Salz daruntermischen. Masse in die vorbereitete Form gießen, Kirschen darauf verteilen und ca. 40 Minuten bei 200 °C backen. Kann warm, lauwarm oder kalt gegessen werden.

In der Schweiz gibt es eine große Kirschentradition: Auf der Schweizer Kirschstraße in der Innerschweizer Voralpenregion z. B. erfährt man Wissenswertes über Kirschen (www.kirschstrasse.ch).

Ein Kuchen, Zubereitung ca. 30 Minuten

Schweizer Kirschentschu

4 Weggli oder 200 g Weißbrot ohne Rinde, gewürfelt
350 ml heiße Milch
75 g Butter
6 EL Zucker
4 Eier
100 g Haselnüsse, gemahlen
Schale einer 1/2 Zitrone
1 Msp. Zimt
Salz
1 Msp. Backpulver
2 EL Zucker
1 kg Kirschen, entsteint
50 g geröstete Brotwürfel

Weggli in einer Schüssel mit der Milch übergießen, kurz stehen lassen, mit einer Gabel zerdrücken. Butter in einer Schüssel weich rühren, Zucker und Eigelbe darunterrühren, weiterrühren, bis die Masse hell ist. Nüsse, Zitronenschale und Zimt in die Wegglimasse mischen. Eiweiße, Salz und Backpulver zusammen steif schlagen. Zucker beigeben, kurz weiterschlagen, bis der Eischnee glänzt. Ca. 1/3 des Eischnees in die Brotmasse rühren, restlichen Eischnee, Kirschen und Brotwürfeli mit dem Gummischaber sorgfältig darunterziehen. Die Masse in die vorbereitete, mit Backpapier (Rand gefettet) ausgelegte Springform füllen, glatt streichen und rund eine Stunde in der unteren Hälfte des auf 200 °C vorgeheizten Ofens herausbacken.

Tschu steht in der Schweiz für ein Gebäck aus Brot, ist klassisch mit Kirschen, wird aber in vielen Variationen angeboten. Und auch der Schweizer Klassiker Mijeule aus dem Jura (siehe Rezept unten) ist quasi ein Brotgratin mit Kirschen, das kalt, lauwarm oder ofenwarm gegessen werden kann.

Die Marille (Aprikose): Die weiblichste aller Früchte

Konfuzius, so sagt man, hat unter einem Marillenbaum Erleuchtung erlangt und heute noch steht im Tempel in Qufu der Marillenbaumholz-Altar Xing Tan. Die Marille wird in Asien seit 4000 Jahren kultiviert. Schon Alexander der Große aß den „armenischen Apfel", die Römer brachten ihn über die Alpen mit. Im Mittelalter wurde die Frucht zum Inbegriff aller Weiblichkeit und galt als Aphrodisiakum der Feinschmecker, was ihr sogar Einzug in Shakespeares' Sommernachtstraum brachte: „Seid lieb und aufmerksam zu diesem Herrn, / Hüpft um ihn rum und tanzt zu seinen Füßen. / Mit Aprikosen woll'n wir ihn begrüßen …"

Nicht nur für Knödel

Obwohl der Marillenbaum früh blüht und frostgefährdet ist, wird er auch in unseren Breitengraden, vor allem in Weinbauregionen, erfolgreich angebaut, u. a. im Südtiroler Vinschgau, im schweizerischen Wallis und in der österreichischen Wachau, wo die Marille seit über 500 Jahren gedeiht und seit 1996 als Wachauer Marille eine geschützte Ursprungsbezeichnung ist.

Weltweit gibt es etwa 1500 Sorten: von kugelig bis oval, mit wolliger, glatter oder rauer Schale, flacher oder tiefer Naht und intensiver Farbe von weißgelb bis rotorange mit an der Sonnenseite manchmal dunkleren, fast violetten Tönen. Eine reife Marille erkennt man daran, dass sie einen süßlichen Duft hat und leichtem Druck nachgibt. Leider werden importierte Marillen für besseren Transport viel zu früh geerntet. Da die Früchte nach dem Pflücken kaum mehr nachreifen, schmecken sie dann oft mehlig und fad. Deshalb, wann immer sich Gelegenheit bietet, heimische, sonnengeküsste Früchte kaufen. Die schmecken herrlich, sind allerdings im Gemüsefach des Kühlschranks leider nur wenige Tage haltbar. Frisch schmecken sie sensationell, aber auch als Marmelade, Mus oder Marillenknödel. Sie harmonieren auch mit Curry, Lamm oder Geflügel und eignen sich zum Einfrieren. Dafür am besten halbieren, entkernen, einzeln anfrieren und erst dann in einem Gefrierbeutel in die Tiefkühltruhe geben.

Geballtes Orange für die Gesundheit

Die vielen Marillen sind ageblich ein Grund, warum die Hunza, ein Bergvolk im Himalaya, rund zehn Jahre älter werden als Europäer. Wie dem auch sei, was die Inhaltsstoffe angeht, haben Marillen mehrfach die Nase vorn: Sie enthalten wenig Säure, viele Mineral- und Ballaststoffe, das Power-Flavonoid Quercetin und Salicylsäure, die antibakteriell wirkt und Krankheitskeime und Fäulnisbakterien in Magen und Darm abtöten kann. Besonders wertvoll ist ihr hoher Anteil an Carotinen, allen voran Beta-Carotin, das u. a. für gutes Sehen, gesunde (Schleim-)Haut und das Immunsystem verantwortlich ist. Weiters liefern sonnengereifte Früchte auch Lycopin, das zu den wirkungsvollsten Antioxidantien überhaupt zählt.

Und schlussendlich ist die Sonnenfrucht auch eine wirksame Entwässerungsmedizin, entstaut Beine, entlastet Herz und Kreislauf und hilft beim Abnehmen. Wer unter Husten, trägem Stoffwechsel, Menstruationsstörungen oder Pickeln leidet, sollte möglichst oft Marillen genießen, außerhalb der Saison auch in getrockneter Form. Dann sind sie zwar kalorienreicher, enthalten aber alle wertvollen Inhaltsstoffe in geballter Form. Achtung beim Einkauf: Wenn Marillen natürlich trocknen, werden sie bräunlich. Damit sie schön orange bleiben, werden sie oft geschwefelt, was jedoch einen Großteil der wertvollen Vitalstoffe zerstört.

… übrigens

In der Wachau dreht sich alles um die Marille (Infos: www.marillengenuss.at & www. wachauermarille.at). Ein nettes Angebot ist auch der 4,5 km lange Erlebnisweg, der durch malerische Weinland- und Marillengärten führt (www.marillenweg.at).

Auch das Burgenland hat seine Marillen samt Genussregion: die Kittseer Marille. Die Früchte sind dank pannonischem Klima sehr süß und saftig und werden ebenfalls bei vielen Events (u. a. bei der Wahl der Marillenkönigin) präsentiert (www.kittseer-marille.at).

Das Öl des Kerns wird immer wieder für Kosmetik verwendet. Wer's versuchen möchte: z. B. Déesse of Switzerland (www.deesse.com) oder auch die tollen Produkte von Johanna Wieser (www.wieser-wachau.at).

4 Einmachgläser, Zubereitung ca. 20 Minuten

Marillen-Senf

500 g Marillen (Aprikosen), entkernt, grob gewürfelt
150 g gelbe Senfkörner, fein gemahlen
2 Korianderkörner, fein gemahlen
1 Vanilleschote, gemahlen
70 g Vanillezucker
2 TL Salz
300 ml Essig (Honig- oder Weißweinessig)

Marillenstücke mit Vanillezucker und Salz vermengen (die Früchte lassen Wasser) und nach etwa 1 Stunde zum Kochen bringen. Wenn die Früchte weich sind, pürieren.
Das Mus mit den Gewürzen und dem Essig noch einmal pürieren, dann in Gläser füllen und über Nacht offen stehen lassen (nur mit einem Geschirrtuch abdecken). Verschließen und rund 3 Monate reifen lassen, dann ist der Senf rund ein Jahr haltbar.

Die Römer waren von der zeitigen Blüte des Marillenbaumes so fasziniert, dass sie ihm den Namen „arbor praecox (frühblühender Baum)“ gaben. Daraus ist schlussendlich ihr italienischer Name „albicocca“ und auch das deutsche „Aprikose“ entstanden.

4 Portionen, Zubereitung ca. 15 Minuten

Gratinierte Früchte

6 reife Marillen (Aprikosen), entkernt, in dünnen Spalten
1 Traube kernlose blaue Weintrauben, halbiert
Einige EL Traubensaft
2 EL Rohrzucker
1 EL gemahlener Zimt

Den Backofengrill auf höchster Stufe vorheizen. Die Früchte auf vier kleine ofenfeste Förmchen verteilen, mit Traubensaft beträufeln und mit Zucker und Zimt bestreuen. Die Früchte unter dem Grill gratinieren, bis der Zucker karamellisiert ist, und sofort servieren.

Sowohl das tschechische „merunka“ wie das österreichische „Marille“ gehen auf eine alte Sprachwurzel zurück, die für weich, mürbe und mollig steht. Ungarn und Rumänen verwenden noch heute den uralten turkmenischen Namen.

4 Portionen, Zubereitung ca. 20 Minuten

Marillen-Curry

1 Zwiebel, fein gewürfelt
2 Knoblauchzehen, fein gewürfelt
2 EL Sonnenblumenöl
400 g Karotten (Möhren), in dünnen Scheiben
3 EL rote Linsen
150 ml Apfelsaft
300 ml Gemüsesuppe
1 Bund Jungzwiebeln, in Röllchen
1 gelbe Paprika, würfelig
5 Marillen (Aprikosen), entkernt, geachtelt
1 kleine Dose Zuckermais
1 kleine Banane
1 EL Currypulver
1 TL Kurkuma
Salz, Pfeffer

Zwiebel und Knoblauch in heißem Öl ca. 5 Minuten andünsten. Karotten und Linsen zur Zwiebel geben, leicht anbraten und dann mit Saft und Gemüsesuppe ablöschen. 10 Minuten köcheln lassen. Jungzwiebeln, Paprika und Marillen zu den Karotten geben und 10 Minuten mitdünsten. Den abgetropften Zuckermais und das Zwiebelgrün noch weitere 5 Minuten mitköcheln lassen. Die Banane dazugeben und mit Curry, Kurkuma, Salz und Pfeffer abschmecken. Dazu passt Wildreis und ein grüner Salat.

Im modernen Marillensortiment überwiegen Sorten, die sich leicht und vollständig vom Fruchtfleisch lösen. Bei einzelnen Sorten bleibt immer ein Stückchen vom Fleisch am Kern hängen und identifiziert damit so manche alte Marillensorte.

4 Portionen, Zubereitung ca. 20 Minuten

Marillenhuhn

1 kg Hühnerfilet
300 g Zwiebeln, dünne Ringe
3 Chilischoten, entkernt, fein gehackt
2 EL Chilisoße
5 Zweige Minze
10 Marillen (Aprikosen), entkernt, geachtelt
600 ml Marillensaft (Aprikosensaft)
1 EL Sauerrahm (saure Sahne)
1 EL Olivenöl
Saft einer Zitrone
1 TL Zucker

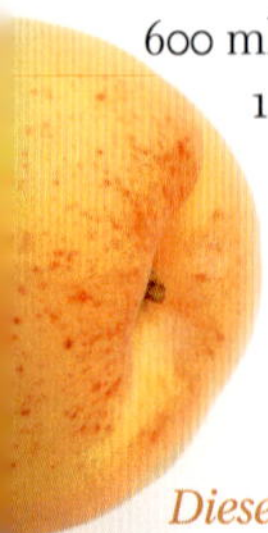

Backofen auf 180 °C (Umluft 160 °C) vorheizen, Filets pfeffern und salzen und in Olivenöl etwa 6 Minuten kräftig anbraten, so dass die Filets schön braun werden. Aus der Pfanne nehmen, beiseitestellen. Zwiebeln und Chili im verbliebenen Öl 6 Minuten bei nicht zu starker Hitze dünsten. Marillensaft und Zitronenspritzer hinzufügen und alles bis auf etwa die Hälfte einkochen lassen. Wenn die Soße eingekocht ist, mit Pfeffer und Salz abschmecken, evtl. etwas Zucker hinzufügen, vom Herd nehmen und den Rahm gut verquirlen. Auflaufform mit Olivenöl einfetten, Huhn und Marillen hineinlegen, mit der Soße übergießen und im Backofen ca. 15 Minuten backen. Mit Minze bestreut servieren – dazu passt Wildreis sehr gut.

Dieses Gericht schmeckt auch mit getrockneten Marillen sehr gut. Sie liefern alle Nährstoffe in geballter Form und sind gerade für Sportler wertvoll, da der hohe Kalium- und Magnesiumgehalt hilft, Krämpfen vorzubeugen, und sie auch durststillend wirken.

4 Personen, Zubereitung ca. 20 Minuten

Fruchtiges Reisfleisch

500 g Schweine- oder Kalbfleisch, in mundgerechten Stücken
250 g Vollkornreis
1 Zwiebel, fein gehackt
1 EL Paprikapulver
500 ml Rindsfond
Etwas Olivenöl
8 Marillen (Aprikosen), entsteint, in mundgerechten Stücken
1 Bund Petersilie, gehackt
150 ml Naturjoghurt
Saft einer Zitrone

Die Zwiebel in einem großen Topf mit etwas Öl goldgelb rösten. Paprizieren (den Paprika dazugeben), gut umrühren. Das grobwürfelige Fleisch beigeben und anbraten. Mit Suppe aufgießen, den Reis dazugeben und zugedeckt auf kleiner Flamme 20 Minuten weich dünsten. Nach etwa 10 Minuten die Marillen untermengen und weiter dünsten lassen. Joghurt mit Petersilie, Salz, Pfeffer und Zitronensaft abschmecken. Das Reisfleisch nach Geschmack salzen und mit der Joghurtsoße servieren.

Die japanische Küche kennt in Salz und rote Shiso-Blätter eingelegte Marillen (Umeboshi), die geschmacklich sehr gewöhnungsbedürftig sind (salzig, sauer).

4 Knödel, Zubereitung ca.15 Minuten

Klassische Marillenknödel

15 g Butter
1 Eigelb
6 g Staubzucker (Puderzucker)
150 g Topfen (Quark)
1 Ei
40 g Brösel
Salz
Etwas Vanillezucker
Schale einer 1/2 Zitrone
4 Marillen (Aprikosen), entsteint
4 Würfelzucker
150 g Brösel
150 g Butter

Für den Teig Butter mit Eigelb schaumig rühren, alle anderen Zutaten unterrühren und 2 Stunden rasten lassen. Danach den Teig zu einer Rolle formen, Stücke abschneiden.
Die Marillen mit einem Würfelzucker füllen und mit einem Teigstück zu einem Knödel formen. In kochendem Salzwasser ca. 20 Minuten kochen lassen. Die Brösel in der Butter etwas anrösten, die heißen Knödel darin wälzen und mit Staubzucker bestäubt servieren.

Über 4000 Marillenknödel werden jährlich am Marillenkirtag von Spitz in der Wachau frisch gemacht. Frau Reiböck, Chefin des Gasthauses Zum Goldenen Schiff, hat dabei bis zu 18 Helferinnen.

4 Portionen, Zubereitung ca. 15 Minuten

Marillen-Schaum

4 Eiweiß
4 EL Staubzucker (Puderzucker)
2 EL Marillenmarmelade (Aprikosenkonfitüre)
Etwas Butter
100 ml Obers (Sahne)

Eiweiß zu steifem Schnee schlagen, den Zucker und die Marmelade unterheben. Die Masse in kleine mit Butter ausgestrichene Backformen geben und 10 Minuten im Dampfgarer garen – oder im Wasserbad im Backofen bei mittlerer Hitze.
Die erkaltete Masse stürzen und mit einer Obershaube servieren.

Marillenmarmelade ist ein österreichischer Allround-Klassiker. Die Besten sind selbst gemacht, aber Achtung: Der Pektingehalt und die Gelierkraft ist von Sorte zu Sorte teilweise sehr unterschiedlich.

4 Personen, Zubereitung ca. 10 Minuten

Kalifornische Marillenmallows

8 Marillen (Aprikosen), entsteint, halbiert
8 Marshmallows
8 Bambusspieße

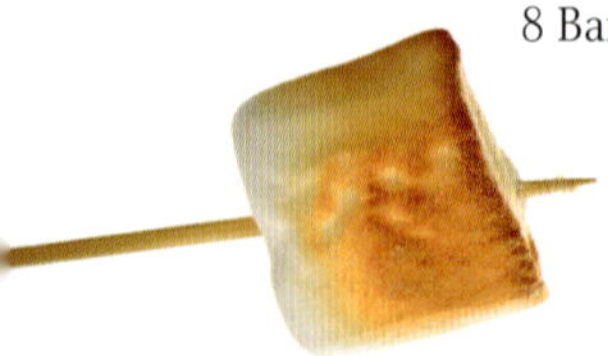

Die Spieße in kaltes Wasser einlegen. Eine Marillenhälfte auf den Spieß stecken, ein Marshmallow und dann wieder eine Marille, so dass die beiden Hälften das Marshmallow umschließen. Die fertigen Spieße unter mehrmaligem Drehen etwa 3 Minuten grillen – bis die Marshmallows außen leicht kross sind und im Inneren schmelzen und die Früchte leichte Brandstreifen haben. Achtung beim Essen: Es ist brennheiß!

Im US-Bundesstaat Kalifornien wachsen etwa 95 % der gesamten Marillenproduktion Nordamerikas – und die Amerikaner sind sehr stolz auf ihre saftigen, großen Marillen (Info: www.califapricot.com).

4 Personen, Zubereitung ca. 15 Minuten

Schnelles Senfhuhn

8 Hühnerschenkel
1 Glas Marillenmarmelade (Aprikosenkonfitüre)
2 EL Honig
2 EL Dijon-Senf
4 Marillen (Aprikosen), in dünnen Scheiben
Salz, Pfeffer

Backofen auf 220 °C vorheizen. Hühnerschenkel in eine Auflaufform geben, mit Salz und Pfeffer würzen. Marmelade, Honig und Senf in einem Topf auf mittlerer Hitze zum Kochen bringen.
Dann bei niedriger bis mittlerer Hitze so lange köcheln lassen, bis alles eindickt und um ca. die Hälfte reduziert ist (dauert ca. 15 Minuten). Die Mischung und die Marillen gleichmäßig über die Hühnerschenkel verteilen, in den Ofen stellen und etwa 30 Minuten backen – dabei alle 10 Minuten mit der Soße bestreichen.

In China gibt es heute noch Wildmarillen wie die Koreanische Marille und die Sibirische Marille und im nordpakistanischen Hunza-Tal gibt es über 30 verschiedene Arten, die meist noch nach alter Anbautradition kultiviert sind.

4 Personen, Zubereitung ca. 25 Minuten

Lachs auf Marillen

8 Lachsfilets mit Haut
Salz, Pfeffer
30 g Butter
250 g gelbe Linsen
1 große weiße Zwiebel, fein gewürfelt
2 Paprika, entkernt, fein gewürfelt
3 Tomaten, evtl. enthäutet, fein gewürfelt
2 EL Sonnenblumenöl
1 kleine Lauchstange, klein gewürfelt
1/2 Stangensellerie, klein gewürfelt
4 Karotten (Möhren), klein gewürfelt
300 ml Fischfond
500 g Marillen (Aprikosen), entsteint, gewürfelt
1 Bund Petersilie, gehackt
Pergamentpapier
24 Scheiben geräucherter Speck

Fisch salzen, pfeffern und kühl stellen.
Öl erhitzen und Zwiebel, Lauch, Sellerie, Karotten, Paprika und Tomaten anschwitzen, Linsen und Fischfond hinzufügen, aufkochen lassen, salzen und pfeffern und 20 Minuten köcheln lassen.
Die Marillen in den letzten 5 Minuten hinzufügen.
Petersilie einstreuen und abschmecken.
Butter in einer Pfanne zerlassen und die Filets 2 Minuten anbraten. 8 Pergamentpapierstücke zurechtschneiden, mit wenig Butter bestreichen.
In die Mitte jeweils 3 Scheiben Speck legen, darauf die Linsenmischung verteilen und die Filets daraufsetzen. Das Papier zu einem Päckchen verschließen, auf ein Blech setzen und bei 180 °C 8 Minuten garen.

Ursprünglich ist dieses Rezept mit Knurrhahn, doch dieser bedrohte Fisch ist nicht mehr mit gutem Gewissen zu essen. An sich schmeckt das Rezept mit jedem Fisch – welcher es sein darf, steht im WWF-Fischführer.

Der Pfirsich: Unsterblich köstlich

Xiwangmu, die Himmelsmutter des Westens, hütet einen Pfirsichbaum, der nur alle 1000 Jahre Früchte trägt. Wer als Gast einen Pfirsich essen darf, dem ist ewige Jugend sicher ... Seit 6000 Jahren wird er in China kultiviert und steht im chinesischen Tao für Unsterblichkeit. Über die Seidenstraße kam er nach Persien, die Römer brachten ihn nach Europa und nannten ihn (wie schon Alexander der Große) „persischer Apfel", obwohl er mit den Pflaumen verwandt ist (daher sein heutiger botanischer Name: Prunus persica). Im Mittelalter galt der Pfirsich als schick und mondän und wurde an fast jedem Fürsten- und Königshof angebaut – denn auch die „Frucht der Venus" galt als Aphrodisiakum.

Die Könige des Sommers

Es gibt rund 3000 Sorten, die grob in behaarte Pfirsiche und glattschalige Nektarinen, nach Farbe – weiß-, gelb- und rotfleischig – und Steinlöslichkeit eingeteilt werden. In puncto Geschmack gilt: je später reif, desto intensiver.

Beim Kauf sollte man sich auf die Nase verlassen, der Duft ist der beste Indikator für Aroma. Das Obst sollte unversehrt und leuchtend sein und zartem Druck nachgeben. Je härter, desto unreifer – die Früchte reifen zwar etwas nach, bleiben aber geschmacklich fad und von trockener, gummiartiger Konsistenz.

Reife Früchte sind empfindlich und halten im Gemüsefach drei Tage. Sie sollten einige Stunden vor dem Verzehr herausgenommen werden, damit sie ihr ganzes Aroma entfalten. Achtung: Leider sind die empfindlichen Früchte immer wieder mit Pestiziden belastet. Deshalb besser zu Bioware greifen oder wenigstens mit warmem Wasser bzw. einem speziellen Obst-Waschmittel (z. B. GeO-Wash) gut abwaschen.

Ob Pfirsich oder Nektarine – vollreif schmecken sie pur am besten. Aber die Alleskönner lassen sich auch zu wunderbaren Desserts, herrlichen Cocktails (Bellini) und fruchtigen Begleitern zu Fleisch oder Gemüse verarbeiten. Oft muss man sie schälen, aber das ist einfach: kreuzweise einritzen, 20 Sekunden in heißes Wasser, kalt abschrecken – dann lässt sich die Haut gut ablösen.

Süße Power gegen freie Radikale

Geschält sollen sie aber, wenn möglich, nicht werden – denn fast alle Powerstoffe sind in oder knapp unter der Haut. Auch wenn der Pfirsich kein Spitzenreiter bei Vitaminen & Co ist, kann er doch einiges für die Gesundheit tun. Reife Pfirsiche und Nektarinen stärken u. a. das Immunsystem, lindern Stress und Nervosität und sorgen für bessere Spermaqualität. Im Volksmund gilt der Pfirsich auch als Blutreiniger, denn er regt die Nieren an, wirkt harntreibend und eliminiert Wasseransammlungen – quasi eine fruchtige Detox-Kur.

Aber nicht nur das: Mit gerade 40 Kalorien und wenig Fruchtzucker sind die Früchte auch für eine schnelle Sommer-Diät prädestiniert.
Außerdem gibt es noch allerlei Pflanzenfarbstoffe – Carotinoide, Flavonoide usw. –, die in unserem Körper als hochpotente Antioxidantien fiese freie Radikale neutralisieren und daher als gute Prävention gegen kardiovaskuläre und neurodegenerative Erkrankungen gelten. Und bei einer Studie der Universität Manchester haben sich zwei Carotinoide – Beta-Cryptoxanthin und Zeaxanthin – kürzlich auch als besonders wirksam gegen rheumatische Erkrankungen gezeigt.
Und zu guter Letzt: Pfirsiche enthalten auch Phytosterole (u. a. auch der Wirkstoff bei cholesterinsenkenden Diät-Margarinen), die dazu in der Lage sind, das schlechte LDL-Cholesterin zu senken, ohne aber die Menge des „guten" HDL-Cholesterins zu beeinflussen.

… übrigens

Vital-Maske gegen müde Haut: einen Pfirsich und eine Marille pürieren und mit einem TL Honig und einem EL Topfen vermengen, auf dem gereinigten Gesicht 20 Minuten einwirken lassen, mit warmem Wasser abnehmen.

Pfirsich-Fans, die in die USA reisen, sollten einen Abstecher nach Georgia machen, wo der Pfirsich sogar offizielles Logo des Staates ist. Allein in der Hauptstadt Atlanta gibt es 55 Peachtree Streets, den Peach-Tree-Lauf, in Fort Valley ein Peach-Festival und tausende Produkte – vom Pfirsichbier bis zu Pfirsichkernschmuck.

Der Pfirsichkern ist wegen seines Anteils an blausäureabspaltendem Amygdalin giftig und wurde im alten Ägypten angeblich zur Hinrichtung von Verbrechern verwendet.

4 Portionen, Zubereitung ca. 25 Minuten

Pfirsichreis

400 g Naturreis
300 g Kidneybohnen in der Dose
4 Zwiebeln, klein gehackt
Etwas Olivenöl
5 EL Curry
Ca. 10 EL Sojasoße
5 Knoblauchzehen, gepresst
5 Pfirsiche, entsteint, dünne Scheiben

Den Reis nach Packungsanweisung kochen. Die Zwiebeln in etwas Öl glasig anbraten und beiseitestellen. Etwa 5 EL Öl und Curry in einer großen Pfanne kurz erhitzen, den fertigen Reis gut untermengen und etwa 5 Minuten anbraten lassen – öfter gut umrühren. Mit Knoblauch und Sojasoße abschmecken. Die Bohnen und die angebratenen Zwiebeln unterrühren und alles noch einmal etwa 2 Minuten anbraten lassen. Den Herd abdrehen, die Pfirsichhälften unterheben und noch kurz nachgaren lassen.

Guter Vollkornreis schmeckt nicht nur besser, sondern ist auch viel gesünder. Denn dem schneeweißen Einheitsreis wird das Silberhäutchen (die Aleuronschicht) und der Keimling wegpoliert – und damit fast alle kostbaren Wirk- und Nährstoffe.

4 Portionen, Zubereitung ca. 15 Minuten

Gefüllte Pfirsiche

4 Pfirsiche, halbiert, entsteint
60 g Walnüsse, gehackt
60 g Honig
1/2 TL Zimt
50 ml Weißwein
Obers (Sahne) nach Geschmack, geschlagen

Nüsse, Honig und Zimt vermengen und in die Pfirsichhälften einfüllen. Die Pfirsiche in eine Auflaufform legen, den Wein angießen und das Ganze für 10 Minuten bei 200 °C in den vorgeheizten Backofen geben, mit Obershaube servieren.

Tipp für den nächsten Italien-Urlaub: Pescantina nahe Verona ist berühmt für seine Pfirsiche, die fast allesamt im Seidenpapier in New Yorker Feinkostläden geliefert werden. Mit Glück kann man bei einem Bauern ein paar davon ergattern.

Bei 150-ml-Bechern ca. 12 Muffins, Zubereitung ca. 20 Minuten

Becher-Muffins

2 Becher Mehl
2 TL Backpulver
1/2 TL Natron
2 Eier
1/2 Becher Zucker
4 EL Öl
1 Becher Buttermilch
3 Pfirsiche, klein gewürfelt

Mehl mit Backpulver und Natron mischen. Eier mit dem Zucker cremig aufschlagen, Öl und Buttermilch unterrühren. Die Mehlmischung und die Pfirsichstücke daraufgeben und per Hand zügig unterrühren. Sofort in die gefetteten oder mit Papierförmchen ausgelegten Muffinformen füllen und bei 180 °C etwa 20–25 Minuten backen.

Muffin steht für zwei verschiedene Gebäckarten: In Großbritannien meint man damit ein flaches, semmelähnliches Hefebrötchen, in den USA sind es die bekannten kleinen runden Küchlein.

4 Portionen, Zubereitung ca. 20 Minuten

Nektarinen-Pasta

70 g Mandeln, gemahlen
1 Bund Petersilie, gehackt
300 ml Obers (Sahne)
100 ml Gemüsefond
1 Dose Safranfäden
Salz, Pfeffer
10 cl Wermut
2 Nektarinen, entsteint, in Spalten
Saft einer Zitrone
400 g Hühnerfilet, in mundgerechten Streifen
400 g Pasta nach Wahl
4 EL Zucker
3 EL Olivenöl

Mandeln ohne Fett leicht anrösten. Obers, Fond und Safran kurz aufkochen, salzen und pfeffern. Mandeln & Wermut unterrühren und abgedeckt beiseitestellen. Die Nudeln nach Packungsanweisung garen. Inzwischen den Zucker bei mittlerer Hitze goldbraun karamellisieren, die Nektarinen darin 1 bis 2 Minuten schwenken und beiseitestellen. Die Hühnerstücke in Öl scharf anbraten und etwa 4 Minuten rundherum braten – mit Salz und Pfeffer würzen. Die Nudeln mit Soße und Petersilie mischen und mit den Hühnerstreifen und Nektarinen anrichten.

Nektarinen sind glattschalige Mutanten des Pfirsichs und unterscheiden sich sonst kaum vom Pfirsich. Auch sie werden in gelb- und weißfleischig unterschieden. Die bekanntesten Sorten sind Star, Red Gold (gelb) oder Snow Queen (weiß).

4 Portionen, Zubereitung ca. 15 Minuten

Nektarinen-Karotten-Gemüse

30 g Margarine
500 g Karotten (Möhren), längs vierteln
3 Nektarinen, entsteint, in Spalten
1 Limette, Schale und Saft
1/2 Bund Petersilie, grob gehackt
Salz

Margarine in einer beschichteten Pfanne erhitzen, die Karotten darin etwa 4 Minuten braten, mit Salz würzen. Limettenschalen, -saft und Nektarinen hinzufügen und 2 Minuten weiterdünsten. Petersilie unterheben. Passt wunderbar zu gegrilltem Fisch und Huhn.

Ruck, zuck entsteinen: Mit einem kleinen spitzen Messer in der Mitte einmal rundherum bis zum Stein einschneiden, die Hälften beim Auseinandernehmen leicht gegeneinanderdrehen.

4 Portionen, Zubereitung ca. 10 Minuten

Nektarinen-Salsa

2 Nektarinen, entsteint, klein gewürfelt
2 Limetten, 2 TL Schale und Saft
6 EL Tomatenketchup
4 EL Apfelsaft
Salz, Cayennepfeffer
1 Bund Schnittlauch, in Röllchen

Limettenschale und –saft mit Nektarinen mischen, mit Ketchup, Saft, Salz und Pfeffer abschmecken – Schnittlauch unterheben.

Das ist ein Ruck-zuck-Dip für das nächste Grillfest, schmeckt aber auch einfach auf geröstetem Schwarzbrot sehr gut.

4 Portionen, Zubereitung ca. 15 Minuten

Überbackene Pfirsiche

4 mittelgroße Pfirsiche
1 Ei
4 Amaretti, zerbröselt
1 EL ungesüßtes Kakaopulver
1 EL Rum
2 EL gehackte Haselnüsse
2 EL Marsala

Die Pfirsiche halbieren, die Kerne entfernen und die Hälften etwas aushöhlen. Dieses Fruchtfleisch mit einer Gabel zerdrücken und mit Ei, Amaretti, Kakao und Rum vermischen. Die Pfirsichhälften damit füllen, mit den Nüssen bestreuen und in eine mit Pergamentpapier ausgelegte Auflaufform setzen. Den Marsala zwischen den Früchten verteilen und 35–40 Minuten im auf 180 °C vorgeheizten Backofen garen.

Der chinesische Gott des langen Lebens trägt immer einen Pfirsich in beiden Händen und bis heute werden Pfirsiche in China traditionell zum Geburtstag verschenkt.

4 Portionen, Zubereitung ca. 15 Minuten

Pfirsiche mit Baiser und Himbeersoße

200 g Himbeeren
2 Baiserschalen
4 reife Pfirsiche, die Haut abgezogen, in Spalten
1 Limette zum Garnieren
Obers (Sahne) zum Servieren

Die Himbeeren mit dem Stabmixer pürieren und durch ein Sieb streichen. Die Baiserschalen in Stücke brechen und auf vier Schalen aufteilen. Erst die Pfirsiche, dann das Püree darauf verteilen. Feine Streifen von der Limette ziehen und darüberstreuen, etwas Obers darübergießen.

Die Limette gilt als Zitrone der Tropen und enthält doppelt so viel Saft wie Zitronen. Allerdings sollte sie nicht quer, sondern längs aufgeschnitten werden – so ist die Saftausbeute am größten.

4 Portionen, Zubereitung ca. 8 Minuten

Gebratene Pfirsiche

4 große Pfirsiche, entsteint und halbiert
40 g Butter
4 EL Zucker
1/2 TL frische Thymianblätter

Die Butter in einer beschichtete Pfanne erhitzen und aufschäumen und die Pfirsiche hineingeben. Mit Zucker und Thymianblättchen bestreuen und von jeder Seite etwa 3 Minuten braten.

Der Pfirsich macht übrigens auch die Haare schön, z. B. mit der duftenden Pfirsich-Haarkur von Basler (www.basler-haarkosmetik.at).

4 Portionen, Zubereitung ca. 30 Minuten

Pfirsichparfait

200 g Pfirsiche, enthäutet und entsteint
20 ml Zitronensaft
4 Eigelb
120 g Zucker
1/2 Vanilleschote
150 ml Milch
3 cl Pfirsichlikör
150 ml Obers (Sahne), steif geschlagen
6 kleine Kastenformen

Pfirsichfleisch fein pürieren, mit Zitronensaft mischen und alles durch ein Sieb passieren. Eigelbe mit Zucker cremig rühren. Vanilleschote aufschlitzen und in der Milch aufkochen – herausnehmen, Mark in die Milch zurückstreifen. Die Vanillemilch langsam in die Eigelbmasse gießen – die Creme unter ständigem Rühren erhitzen, aber nicht kochen, bis sie leicht angedickt ist. Dann die Creme durch ein feines Sieb gießen, Pfirsichmark und Likör unterrühren, das Obers unterheben. Die Masse in gekühlte Formen einfüllen und für einige Stunden ins Gefrierfach geben. Kurz vor dem Servieren herausnehmen, die Formen kurz ins heiße Wasser tauchen und auf Teller stürzen.

Zugegeben, dieses Parfait ist aufwendig – doch es zahlt sich wirklich aus. Ein bisschen einfacher wird es, vor allem wenn es für Gäste ist, wenn es schon am Vortag eingefroren und dann z. B. auf einem Fruchtspiegel kredenzt wird.

Die Quitte: Comeback einer Vergessenen

Lange galt sie als Relikt aus Omas Zeiten, keiner wusste genau, was damit zu tun ist. Jetzt erlebt das Kernobst eine Renaissance und jeder Koch, der etwas auf sich hält, kredenzt Quitten-Goodies. Ursprünglich aus Asien, entdeckten sie die alten Griechen und kultivierten sie nicht nur auf Kreta (ihr lateinischer Name ist Cydonia oblonga, nach der kretischen Stadt Kydonia – Chania), sondern machten sie auch zum Mittelpunkt vieler Sagen: Sie galt als Symbol der Liebe und für langes Leben und spielte bei Hochzeit und Fruchtbarkeit eine große Rolle. Und auch der goldene Apfel von Paris war wohl nichts anderes als eine Quitte.

Harter Außenseiter und kulinarisches Multitalent

In Asien gibt es etwa 200 Sorten, die zum Teil auch roh gegessen werden können. Die unsrigen, grob in Apfel- und Birnenquitten unterschieden, sind roh steinhart. Die Birnenförmigen sind länglich, saftig, haben hellrotes Fleisch, schmecken mild und werden schnell weich. Kenner bevorzugen die Apfelförmigen wegen ihres vollherben Aromas. In letzter Zeit haben sich japanische Zierquitten hierzulande etabliert, die ein bisschen mehr Säure haben. Alle Früchte aus heimischem Anbau sind fast automatisch bio, denn bisher gibt es keinen kommerziellen Anbau und zudem sind die harten Dinger den meisten Schädlingen zu holzig.

Im Oktober sind sie reif und leuchtend gelb, haben einen feinen Flaum und duften nach Zitrone und Apfel. Grüne Quitten sind unreif, sie reifen bei Lagerung nach – aber je unreifer geerntet, desto weniger Aroma entfalten sie. Reif bleiben sie im Kühlschrank zwei Wochen frisch, unreif an einem kühlen Ort auch bis Weihnachten – aber sie „fremdeln" in Gegenwart anderer Obstarten und verlieren an Geschmack.
Für die Lagerung den weichen Flaum auf der Haut nicht abwischen – das erledigt man direkt vor dem Schälen (wenn es für Marmelade ist, braucht man die pektinreiche Schale zum Gelieren). Geschält oder nicht, die Quitte fühlt sich, genauso wie Apfel und Birne, in süßem wie auch herzhaftem Kochmilieu wohl.

... übrigens

Quittentee gegen Schlaflosigkeit: 1–2 Teelöffel Quittensamen mit einer Tasse kochendem Wasser 5 Minuten lang ziehen lassen, abseihen und trinken.

Unser Wort Marmelade stammt vom portugiesischen Wort „marmelada“, was übersetzt Quittenmarmelade heißt, denn „marmelo“ heißt Quitte.

Quittenfans, die zufällig in der Nähe von Würzburg sind, sollten Marius Wittur und sein ehrgeiziges Rekultivierungsprojekt alter Quittensorten besuchen. Es gibt dort auch guten Quittenmost und -wein (www.mustea.de).

Im alten Rom hieß es, dass Frauen, die während der Schwangerschaft viele Quitten essen, schöne und intelligente Kinder zur Welt bringen.

Das Lieblingsobst von Hippokrates

Für Hippokrates war sie die „für Heilzwecke nützlichste Frucht“ und Plinius d. Ä. hat sie gleich gegen 21 Leiden empfohlen. Gut, vieles hat sich medizinisch nicht bestätigt; dennoch ist die Quitte auch aus heutiger Sicht wertvoll. Ihre Gerbsäure, die zusammenziehend wirkt, trainiert u. a. schlaffe Darmmuskulatur, zudem wirkt ihr Pektin wie eine Putzkolonne im Körper. Denn es quillt im Darm auf, bindet Schadstoffe und befördert sie „direttissima“ raus. Zudem senkt es das Cholesterin, normalisiert den Blutzucker und gilt als gute Darmkrebs-Prophylaxe. Auch bei Kalium ist die Quitte dem Apfel überlegen, das ist u. a. wichtig für den Wasserhaushalt im Körper und die Reizübertragung der Nerven.

Wichtig sind auch ihre Kerne, von denen in jeder Kammer sechs bis acht Stück sind. Sie enthalten viel heilenden Schleim und wurden schon in der indischen Medizin eingesetzt. Quittenschleim gilt als milde, kühlende, entzündungshemmende Arznei und lindert – äußerlich – Sonnenbrand, Verbrennungen, rissige Haut, spröde Lippen und lässt Wunden schneller heilen. Innerlich hilft er bei Magen-Darm-Entzündungen, Halsweh, Husten und Bronchitis. Früher gab es das Heilmittel in Apotheken, heute muss man es selbst machen: 1 Teil unzerkleinerter Kerne in 8 Teilen Wasser ansetzen – in 15 Minuten ist der Heilschleim da.

4 Portionen, Zubereitung ca. 10 Minuten

Holunder-Quitten-Soße

250 g Holunderbeeren, entstielt
120 g Quitten, geschält, klein gewürfelt
60 g Zucker
Schale einer Zitrone
2 cm Zimtstange
1 Gewürznelke
100 ml Rotwein
1/4 TL Speisestärke

Zucker, Zitronenschale, Zimt und Gewürznelke mit dem Rotwein zum Kochen bringen. Die Beeren einlegen, unter Rühren aufkochen lassen. Quitten hinzufügen und alles 15 Minuten köcheln lassen. Den Schaum abschöpfen, Speisestärke mit wenig kaltem Wasser anrühren und die Soße damit binden.

Bei den Römern galten Quitten als Opfergaben an die Nachtgöttinnnen und wurden auch zur Parfumherstellung verwendet.

4 Portionen, Zubereitung ca. 20 Minuten

Quitten-Sellerie-Suppe

50 g Zwiebeln, fein gehackt
1 Knoblauchzehe, fein gehackt
Etwas Erdnussöl zum Braten
3 cm Ingwer, frisch gehackt
1 TL Kurkuma
1 Prise Chiliflocken
2 TL gemahlene Kardamomkapseln
1 TL Zimt
Salz, Pfeffer
100 g Quitten, entkernt, mit Schale, grob gehackt
250 g Knollensellerie, geschält, grob gehackt
200 ml kochendes Wasser
750 ml Milch

Zwiebeln und Ingwer im Öl anbraten, Kurkuma, Knoblauch, Chili und Gewürze hinzufügen. Bei mittlerer Temperatur 10–15 Minuten braten, bis die Zwiebeln etwas Farbe angenommen haben.
Mit Salz und Pfeffer würzen.
Wasser in einem Topf erhitzen und mit den Quitten und der Sellerie in den Topf zu den anderen Zutaten geben, zum Kochen bringen, dann die Milch angießen und zugedeckt 20–30 Minuten kochen, bis alle Zutaten weich sind. Alles gemeinsam pürieren und ggf. mit noch einmal abschmecken.

Karl der Große schrieb in seinem „Capitulare de villis et curtis imperialibus", dass die Quitten in jeden Garten gehören, denn sie seien die Heilquelle des Körpers und des Geistes.

4–6 Portionen, Zubereitung ca. 12 Minuten

Kartoffel-Quitten-Rösti

400 g Quitten,
geschält, entkernt, grob gerieben
400 g mehlige Kartoffeln,
geschält, grob gerieben
50 g Obers (Sahne)
Kräutersalz, Pfeffer
Koriander, gemahlen
1 EL Butterschmalz oder Ghee

Quitten und Kartoffeln mit Obers, Kräutersalz, Pfeffer und Koriander gut vermischen. In einer Pfanne in heißem Ghee jeweils einen Esslöffel Masse (leicht flach gedrückt) von beiden Seiten goldbraun braten.

Kartoffeln sind, solange sie nicht als Pommes frites oder Chips zunichtegemacht wurden, sehr gesund, sättigen und machen "pur" nicht dick: 100 g liefern gerade einmal um die 85 Kalorien.

4 Portionen, Zubereitung ca. 20 Minuten

Putencurry mit Kokosmilch und Quitten

2 Zwiebeln, grob gehackt
6–8 Quitten,
geschält, entkernt, geachtelt
800 g Putenfleisch,
in mundgerechten Stücken
2 EL Olivenöl
800 ml Kokosmilch
6 TL rote Currypaste
Salz, Pfeffer, Zucker
1 Bund Petersilie, gehackt

Das Fleisch in heißem Öl rundum braun anbraten. Zwiebeln und Quitten dazugeben und einige Minuten mitbraten. Currypaste und Kokosmilch dazugeben, nach Bedarf salzen und pfeffern.
Zugedeckt ca. 15 Minuten schmoren, bis die Quitten weich sind. Abschließend mit etwas Zucker abschmecken, mit Petersilie bestreuen und mit Naturreis servieren.

Auch Parade-Naturkosmetikhersteller Dr. Hauschka setzt auf die Kraft der Quitte und mischt sie gemeinsam mit Schlehe in seine duftige und pflegende Körpermilch Quitte, die im Nu für samtweiche Haut sorgt.

4 Portionen, Zubereitung ca.10 Minuten

Schnelle Dessert-Quitten

8 Quitten, vom Flaum befreit
250 ml Obers (Sahne)
1–2 EL Zucker
1 Pkg. Vanillezucker
Alufolie

Quitten einzeln in Alufolie wickeln, aber locker, es sollte sich ein kleiner Luftraum bilden. Die Päckchen bei 200 ° C eine bis anderthalb Stunden (je nach Größe!) im Backofen backen.
Die weichen Quitten dann quer halbieren, mit einem scharfkantigen Löffel das Kerngehäuse ausstechen und in diese Höhlung das mit Zucker und Vanillezucker steif geschlagene Obers häufen.

„Quitten für die Hochzeitsleut' schafft Lieb' und Lust und Kinderfreud'!" Schon in der Antike galt die Quitte als Symbol des Glücks, der Liebe und der Fruchtbarkeit. Im alten Athen gab es sogar ein Gesetz, nach dem die junge Braut auf der Schwelle des Brautgemachs eine Quitte zu verzehren hatte.

4 Portionen, Zubereitung ca. 15 Minuten

Quittengemüse

300 g Fisolen (grüne Bohnen)
2 rote Zwiebeln, in dünne Scheiben
1 große Quitte, klein gewürfelt
Saft einer Zitrone
1 Handvoll Bohnenkraut
2 EL Olivenöl
Salz, Pfeffer

Die Fisolen in Salzwasser ca. 5 Minuten blanchieren und abgießen. Die Quitte mit Zitronensaft vermischen, damit die Quitte nicht braun wird. Zwiebeln und Quitte im Olivenöl ca. 5 Minuten braten.
Bohnen und Bohnenkraut dazugeben und weitere 2 Minuten braten. Mit Salz und Pfeffer abschmecken.

Quitten, in der Schweiz auch Küttene genannt, gehören wie Äpfel und Birnen zum Kernobst und zählen wie diese zur Familie der Rosengewächse.

4 Portionen, Zubereitung ca. 18 Minuten

Quitten-Geschnetzeltes

2 Quitten, geschält, entkernt, in dünnen Streifen
3 EL Olivenöl
150 g Kirschtomaten
1 Zwiebel, fein gewürfelt
6 Stiele Thymian, die Blätter gezupft
500 g Rinderschnitzel, in mundgerechten Streifen
200 g Bandnudeln (z. B. Tagliatelle)
Salz, Pfeffer
250 ml Rinderfond
250 ml Obers (Sahne)
1–2 EL heller Soßenbinder
Muskatnuss, gerieben

2 EL Öl und 100 ml Wasser in einem Topf erhitzen. Quittenstreifen darin zugedeckt, unter gelegentlichem Wenden ca. 15 Minuten weich dünsten, vom Herd nehmen.

Nudeln in kochendem Salzwasser nach Packungsanweisung zubereiten. 1 EL Öl in einer Pfanne erhitzen, Fleisch darin portionsweise anbraten. Gesamtes Fleisch wieder in die Pfanne geben, mit Salz und Pfeffer würzen. Zwiebel, Tomaten und Thymian dazugeben und ca. 2 Minuten braten.

Fond, Obers und Quitten mit Flüssigkeit zugießen, aufkochen. Soßenbinder einrühren und Soße einmal aufkochen. Mit Salz, Pfeffer und etwas Muskat abschmecken, mit den Nudeln servieren.

Wer auf Kalorien achten will, kann die Hälfte des Obers durch fettarme Milch ersetzen oder die verschiedenen „Schlanke Linie"-Cremen oder auch Soja-Produkte verwenden. Und natürlich kann auf Soßenbinder auch gut verzichtet werden.

4 Portionen, Zubereitung ca. 10 Minuten

Klassisches Quittenkompott

4–5 Quitten,
entkernt, in mundgerechten Stücken
Schale und Saft einer Zitrone
3 EL Zucker
100 ml Apfel- oder Orangensaft
1/2 Stange Zimt

Alle Zutaten in einen Topf geben, aufkochen lassen und ca. 20 Minuten zugedeckt dünsten – je nach Reife der Quitten kann die Garzeit kürzer oder länger sein. Schmeckt hervorragend zu Vanilleeis oder mit Vanillesoße.

Quittenschnaps ist ein klarer Obstbrand. Kaum eine andere Frucht erfordert mehr Aufwand, um daraus einen Obstbrand zu gewinnen; dennoch ist er in der Schweiz Tradition, gilt als kulinarisches Erbe und schmeckt vorzüglich.

4 Portionen, Zubereitung ca. 20 Minuten

Quitten-Begleitung

5 Quitten, entkernt, in 5-mm-Scheiben
2 EL Butter
2–3 getrocknete Feigen, klein gewürfelt
2 EL Pinienkerne
2 EL Zucker
1 Bund Petersilie, gehackt
Salz, Pfeffer

Die Quittenstücke mit der Butter 8–10 Minuten bei milder Hitze braten, bis die Quitten von beiden Seiten hell gebräunt sind. Dabei immer wieder wenden. Die Feigen mit Pinienkernen und Zucker zu den Quitten geben, umrühren oder schwenken, bis der Zucker geschmolzen ist und zu karamellisieren beginnt. Die Petersilie unter die Quitten schwenken und mit sehr wenig Salz und etwas frisch gemahlenem Pfeffer abschmecken. Ist die ideale Beilage zu Braten aller Art.

Nach dem Trocknen können Quittenkerne wie Hustenbonbons gelutscht werden und wirken sehr wohltuend bei Halsschmerzen und Husten.

2 Einmachgläser, Zubereitung ca. 25 Minuten

Quittengelee

1 kg Quitten, grob gewürfelt
750 ml Wasser
Saft von einer Zitrone
250 g Gelierzucker, 3:1
1 EL Rum
Ein paar Blätter Zitronenmelisse

Die Quittenstücke im Wasser ca. 45 Minuten auf mittlerer Hitze weich kochen. Ein Sieb mit einem Mulltuch auslegen und auf einen sauberen Messbecher stellen. Quitten mit Saft in das Tuch gießen. Nicht ausdrücken, damit der Saft klar bleibt. Es müssten sich etwa 500 ml Saft ergeben, der mit dem Gelierzucker gut verrührt wird. Zitronenmelisse dazugeben. Unter Rühren zum Kochen bringen (da Quitten einen hohen Pektingehalt haben, gelieren sie schnell). Zitronenmelisse entfernen. Quittengelee sofort in Einmachgläser füllen. Rum daraufgießen, anzünden und sofort den Deckel verschließen. Die Gläser fünf Minuten auf den Kopf stellen, dann umdrehen und erkalten lassen.

Die weich gekochten Quitten unbedingt aufbewahren und Quittenbrot daraus zubereiten. Das Gelee ist vielseitig verwendbar: als Brotaufstrich, als Soßengrundlage, als Füllung für Kekse und auch für Geflügel.

Die Südländer: Heimische Exoten & Zierpflanzen

Eigentlich brauchen sie viel Sonne und warme Temperaturen, aber dank innovativer Gartenprofis hat sich so manche exotische (Zier-)Pflanze an unsere klimatischen Bedingungen angepasst und liefert wunderbare Früchte oder Beeren. Klar, dass die europäische Sonne Kaki, Kiwi & Co nicht annähernd so süß werden lässt, aber geschmacklich haben die Euro-Sorten dennoch einiges zu bieten und auch noch so manch anderen Vorteil: Die Waldviertler Kiwi etwa hat eine essbare Schale, heimische Feigen sind herber und die kletternde Schisandra ist an Pergolen oder Klettergerüsten ein essbarer und duftender Blickfang.

Cranberry

Schon die Indianer setzten die Preiselbeer-Schwester als Medizin ein – heute belegen viele Studien die gesundheitsfördernde Wirkung. In der Küche ist sie frisch und getrocknet, süß und pikant zu verwenden. Ihr Saft schmeckt und wirkt gegen Blasenentzündung. Und die traditionelle Cranberry-Soße zum Thanksgiving-Truthahn ist nicht nur lecker, sondern unterstützt auch die Verdauung.

Feige

Nicht nur das Sinnbild für weibliche Sexualität, sondern auch eine der ältesten Kulturpflanzen: Im Jordantal wurden 11.400 Jahre alte Feigen gefunden. Sind sie reif, geben sie vorsichtigem Druck nach, behalten aber ihre Form und riechen leicht und delikat. Ein säuerlicher Geruch und ein weißer Film zeigen, dass die Frucht, die im Übrigen jede marode Verdauung rasch auf Vordermann bringen kann, schon zu reif ist.

Felsenbirne

Oft nur als Zierstrauch verwendet, dabei schmecken ihre Beeren so gut. Die den Heidelbeeren ähnlichen Früchte sind saftig, süß mit einer nussartigen Marzipan-Note. Sie eignen sich für Frischverzehr und zum Kochen, für Marmeladen braucht man wegen des hohen Pektingehalts wenig bis kein Geliermittel. Getrocknet sind sie wie Rosinen und wurden einst auch Rosinen- oder Korinthenbaum genannt.

Gojibeere

Seit ein paar Jahren wird sie als neues Anti-Aging-Wunder und Super-Power-Beere gepriesen, doch eigentlich ist Goji bei uns schon ewig als Wolfsbeere oder Bocksdorn bekannt. Sie ist zwar nicht neu, schmeckt aber ausgezeichnet und ist sehr gesund. Ihr süß-bitteres Aroma passt fein zu Salat, Reis oder auch zu Fleisch und ihre Wirkstoffe sind, so die Studien, zellschützend, immunsystemstärkend und durchblutungsfördernd.

Kaki

Sie liefert ordentlich Carotin und Vitamin C, hilft daher dem Immunsystem und wirkt gegen freie Radikale. Eine Kaki, Kakifeige oder Sharon (veredelte Kaki aus Israel) ist eine Beerenfrucht, gelborange bis tiefrot, und ähnelt einer Fleisch-

Wassermelone, roh (100 g)

38 kcal/160 Kilojoule
0,69 Broteinheiten
8,2 g Kohlenhydrate, gesamt
3,9 g Ballaststoffe
0,6 g Eiweiß/0,2 g Fett
90 g Wasser
1,6 mg Pantothensäure (Vit. B_5)
317 µg Niacin (Vitamin B_3)
245 µg Beta-Carotin
109 mg Kalium
28 µg Kupfer
3,9 g Fructose, 2 g Glucose

tomate. Vollreif ist sie, wenn die Schale glasig und das Fleisch geleeartig ist. Unreif ist sie ungenießbar, sie reift allerdings bei Zimmertemperatur sehr gut nach.

Kiwi

Ursprünglich stammt sie aus China, erst um 1900 brachten Missionare die „Chinesische Stachelbeere" nach Neuseeland, wo sie bald groß angebaut wurde. Reif muss sie auf leichten Druck nachgeben, darf aber nie „matschig" sein. Unreife Früchte werden bei Zimmertemperatur neben Äpfeln in ein paar Tagen reif – doch nie mit ganzem Aroma. Tipp einer Neuseeländerin: Fleisch vor dem Braten mit einer halbierten Kiwi bestreichen, dann wird es zarter.

Nashi

Grob unterscheidet man bei der Nashi die gelbliche, rundlich-apfelförmige Japanische Birne und die bräunliche, birnenförmige Chinesische Birne mit weicherem Fleisch. Zum Lagern sind beide nicht geeignet, sie werden schnell überreif, gären fast schon am Baum – im Kühlschrank halten sie bis zu drei Wochen. Unreif schmecken sie sauer, sie reifen nicht nach.

Schisandra

Der chinesische Name ist „Wu wei zi", was so viel bedeutet wie „Kraut der 5 Geschmäcker". Und wirklich: Die Beere schmeckt süß, sauer, salzig, bitter und scharf zugleich. In der Küche ist Schisandra sehr ähnlich wie ihre Verwandte, die Goji, zu verwenden. Ihr reizvolles Aroma, das die Geschmacksnerven besonders stimuliert, passt eigentlich zu fast allen Speisen ganz wunderbar.

Wassermelone

Sie schmeckt kühl am besten, wobei die Lagertemperatur nicht unter 10 °C sein sollte, da das Fleisch sonst an Aroma und Farbe verliert. Gut verpackt in Frischhaltefolie hält ein Anschnitt eine Woche. Die optimale Reife erkennt man mit ein bisschen Übung durch Klopfen: Reife Melonen vibrieren und „wummern", unreife klingen metallisch hell und überreife Exemplare hohl.

Kiwi, roh (100 g)

54 kcal/227 Kilojoule
0,7 Broteinheiten
9,1 g Kohlenhydrate, gesamt
3,9 g Ballaststoffe
1 g Eiweiß/0,6 g Fett
82 g Wasser
43 mg Vitamin C
660 µg Niacin (Vitamin B_3)
25 µg Vitamin K
320 mg Kalium
38 mg Kalzium
4,6 g Fructose, 4,3 g Glucose

4 Portionen, Zubereitung ca. 20 Minuten

Cranberry-Gelee

300 g Cranberrys
175 ml Ahornsirup
Schale einer Orange
2 Orangen, in Spalten

Die Cranberrys mit dem Sirup aufkochen. Die Schale hinzufügen und die Hitze reduzieren. 10 Minuten im offenen Topf köcheln lassen. Die Orangen hinzufügen und 5 Minuten bei schwacher Hitze kochen lassen. Schmeckt warm und kalt, solo und als Beilage zu Fleisch, Geflügel und Dessert.

Die u. a. in den Cranberrys enthaltenen Proanthocyanidine sind wirksame Antioxidantien und haben in unzähligen Studien ihr sehr gutes Potenzial gegen Krebs gezeigt.

8 Scones, Zubereitung ca. 20 Minuten

Cranberry Scones

75 g Cranberrys, getrocknet, evtl. grob gehackt
50 ml Orangensaft
300 g Mehl
1 Pkg. Backpulver
1 Prise Salz
1 EL Zucker
100 ml Milch
50 g Butter
1 Eigelb zum Bepinseln
1 EL Wasser

Die Cranberrys 10 Minuten im Orangensaft einweichen. Das Mehl mit dem Backpulver mischen. Bis auf das Eigelb alle Zutaten in eine Schüssel geben. Cranberrys mit dem Orangensaft dazugeben und zu einem Teig vorsichtig verkneten. Den Teig zu einer Rolle formen und in Folie gewickelt 20 Minuten in den Kühlschrank legen.
Den Ofen auf 200 °C Umluft vorheizen. Die Teigrolle in 8 Portionen teilen, aus jeder ein rundes, flaches Brötchen formen. Das Eigelb mit 1 EL Wasser verquirlen und die Scones damit bestreichen. Im heißen Backofen bei 200 °C ca. 20 Minuten backen.

Ein Scone wird in England traditionell zur Tea Time gereicht. In Großbritannien werden sie warm mit Butter, Marmelade oder Honig gegessen, in Irland und Schottland gibt es auch Potato Scones, die aus Kartoffelbrei, Milch und Mehl bestehen.

4 Portionen, Zubereitung ca. 10 Minuten

Schneller Salat-Mix

8 Feigen, geviertelt
1 Birne, entkernt, in dünnen Spalten
2 Handvoll Rucola
50 g Parmesan, gehobelt
8 Scheiben Pancetta oder Frühstücksspeck

Für die Vinaigrette:
4 EL Olivenöl
1 EL Balsamicoessig
1 TL Ahornsirup (alternativ: Zucker oder Stevia nach Geschmack)
Salz, Pfeffer

Die Vinaigrette-Zutaten zu einer Emulsion schlagen oder in einem Einmachglas shaken. Den Speck kurz ohne Fett knusprig braten und auf den Teller geben. Darauf die Früchte und den Rucola verteilen, mit der Vinaigrette beträufeln und mit Parmesan bestreut servieren.

Feigen kann man ruhig mit Schale essen. Allerdings sollten Sie die Früchte vor dem Verzehr gründlich waschen. Danach trocken tupfen und in feine Scheiben schneiden.

4 Portionen, Zubereitung ca. 10 Minuten

Gegrillte Feigen

8 Feigen, in Scheiben
4 EL brauner Zucker
1 Handvoll Nüsse nach Wahl, gerieben
Etwas Butter

Die Feigenscheiben mit braunem Zucker und den Nüssen bestreuen, je eine Butterflocke darübergeben. Auf den geschlossenen Grill legen und ca. 5 Minuten grillen.

Feigen sind reich an Vitalstoffen, wurden bereits 1500 v. Chr. zur Vorbeugung von Krankheiten empfohlen und gelten bis heute als basische Top-Kur gegen Müdigkeit und für mehr Power.

Ca. 2 Liter, Zubereitung ca. 15 Minuten

Felsenbirnen-Sirup

1,5 kg Felsenbirnen, zerstampft
1 l Wasser
1 kg brauner Zucker

Die zerstampften Felsenbirnen mit 1 Liter Wasser vermengen und über Nacht durchziehen lassen. Die Masse mit Zucker aufkochen und möglichst heiß durch ein Tuch filtrieren (nicht auspressen, sonst wird der Saft trüb), in Flaschen füllen und luftdicht verschließen. Ungeöffnet hält der Sirup ca. 1 Jahr. Er schmeckt klassisch mit Wasser verdünnt, aber auch als Schmankerl auf Eis, Obers (Sahne) oder in Sekt.

Die Samen enthalten, wie Apfelkerne, (blausäureabspaltende) Glycoside, was zu Magen-Darm-Beschwerden führen kann. Unverletzt tun sie nichts, daher beim Frischverzehr die Früchte nicht zerstampfen oder pürieren. Aber keine Angst: Durch Erhitzen werden die Glycoside gänzlich unschädlich gemacht.

4 Portionen, Zubereitung ca. 15 Minuten

Felsenbirnen-Trifle

500 g Felsenbirnen
8 Scheiben Zwieback
100 ml Felsenbirnen- oder Heidelbeersirup
8 cl Felsenbirnen- oder Heidelbeerlikör
150 g Mascarpone
150 g Obers (Sahne)
4 TL Staubzucker (Puderzucker)
Minzeblättchen als Garnitur

Den Zwieback zerbrechen und zerbröseln, auf 4 Gläser verteilen und mit Sirup und Likör tränken und etwas durchziehen lassen. Die Früchte daraufgeben.
Den Mascarpone mit Zucker glatt rühren. Das Obers steif schlagen und vorsichtig unter den Mascarpone heben. Die Creme auf die Beeren geben und mit Minze dekoriert servieren.

Felsenbirnen-Likör gibt es immer wieder bei regionalen Märkten, aber selber machen ist auch keine Hexerei: z. B. Felsenbirnen, schwarze Ribiseln, Vanillestange, Kandiszucker, sechs bis acht Wochen in Wodka reifen lassen, filtern – fertig.

4 Portionen, Zubereitung ca. 15 Minuten

Reisküchli

2 Eier
400 ml Milch
200 g Mehl
200 g gekochten Reis
100 g Gojibeeren
Etwas Öl

Aus Eiern, Milch und Mehl einen Palatschinkenteig (Pfannkuchenteig) rühren, anschließend den gekochten Reis und die Beeren unterrühren.
Der Teig wird natürlich etwas dicker als ein normaler Palatschinkenteig, daher etwa eine handflächengroße Menge in einer beschichteten Pfanne mit etwas Öl oder Butter auf beiden Seiten goldbraun herausbacken. Mit Zimt und Zucker und Apfelmus servieren.

Dieses Essen ist eine hervorragende Reis-Resteverwertung (sofern es nicht der Hund bekommt ...) und schmeckt natürlich auch mit anderen Beeren oder Obst wunderbar.

4 Portionen, Zubereitung ca. 20 Minuten

Curry-Kaki

750 g Hühnerfilet, in mundgerechten Streifen
Etwas Galantwurz, gehackt
2 Kakis, in Spalten
3 Jungzwiebeln, in Ringen
1 TL mildes Currypulver
150 ml Hühnersuppe
Etwas Thai-Basilikum, grob gehackt
Etwas Koriander, grob gehackt
Salz, Pfeffer
300 g Reis
Etwas Öl

Den Reis nach Packungsangabe kochen. Galantwurz und Huhn mit Salz und Pfeffer würzen und im heißen Öl in einer beschichteten Pfanne gut anbraten. Die weißen Zwiebelringe und das Currypulver dazugeben und etwa 30 Sekunden mitbraten. Mit der Suppe aufgießen, aufkochen lassen und bei wenig Hitze etwa 5 Minuten köcheln lassen. Mit Salz, Pfeffer und den Kräutern abschmecken, die Kaki-Spalten vorsichtig untermischen, mit dem Grün der Jungzwiebeln bestreuen und zusammen mit dem Reis servieren.

Das Lieblingsobst der Japaner. Ihr Name bedeutet schlicht so viel wie „Frucht". Auch in China wird sie geschätzt: In Peking ist vor dem Himmelstempel ein heiliger Kaki-Garten.

4 Portionen, Zubereitung ca. 20 Minuten

Goji-Bolognese

500 g Nudeln nach Wahl
400 g gemischtes Faschiertes (Hackfleisch)
1 Zwiebel, klein gewürfelt
125 ml Weißwein
4 Knoblauchzehen, klein gewürfelt
3 Karotten (Möhren), grob geraspelt
8 Tomaten, gewürfelt
1 Dose geschälte Tomaten
Etwas Tomatenmark
40 g Gojibeeren, frisch oder getrocknet
Salz, Pfeffer, Chili, Oregano
Frische Basilikumblätter
Etwas Öl

Die Zwiebeln in etwas Öl glasig andünsten, das Fleisch darin kurz scharf anbraten, salzen und pfeffern und mit Wein ablöschen. Wenn es wieder heiß ist, Karotten und Tomaten untermengen, mit den Dosen Tomaten auffüllen und mit Mark abschmecken. Kurz aufkochen lassen und dann bei niedriger Temperatur etwa 15 Minuten garen lassen.
In der Zwischenzeit die Nudeln nach Packungsangabe al dente kochen.
Kurz vor Ende der Garzeit die Gojibeeren untermengen und mit den Gewürzen abschmecken. Mit den Nudeln und ein paar Basilikumblättern dekoriert servieren.

Schon vor 5000 Jahren berichteten chinesische Ärzte von der unglaublichen Heilkraft der Goji. So soll sie den Fluss der Lebensenergie regulieren, die Konstitution stärken und zu Langlebigkeit verhelfen.

4–5 Einmachgläser, Zubereitung 15 Minuten

Kiwi-Sekt-Marmelade

400 ml trockenen Sekt
oder Prosecco
Saft einer Zitrone
Saft einer Orange
8 Kiwis, geschält, gewürfelt
300 g Gelierzucker, 3:1
1 guter Schuss Kiwilikör

Kiwis mit Zitronensaft, Orangensaft und Sekt auf ein Kilo abwiegen und in einem großen Topf mit Gelierzucker vermischen und zum Kochen bringen. Gelierprobe machen, wenn sie negativ ist, dann noch etwas Zitronensäure hinzufügen und nochmals kurz aufkochen lassen. Bei Bedarf abschäumen, rasch einen guten Schuss Kiwilikör unterrühren und randvoll in vorbereitete Einmachgläser füllen, sofort verschließen und etwa 5 Minuten auf den Kopf gestellt auskühlen lassen.

Ein hervorragender Kiwilikör wird im österreichischen Waldviertel mit heimischen Kiwis produziert. Er hat ein kräftiges Wildfruchtaroma mit fast feigenähnlichem Geschmack (www.schaetzeausoesterreich.at).

4 Portionen, Zubereitung ca. 12 Minuten

Kiwi-Pesto

1 Bund Basilikum, Blätter gezupft
2 Jungzwiebeln, gehackt
7 Kiwis, geschält, gewürfelt
100 g Stachelbeeren
5 EL Olivenöl
Schale und Saft einer Limette
1/2 TL Koriander, gemahlen
Etwas Ingwer, frisch gemahlen
1 Msp. Nelken, gemahlen
40 g Mandeln, gehackt
Salz, wenig Pfeffer
2 cl Gin

Alle Zutaten im Mixer pürieren. Etwa 20 Minuten bei Zimmertemperatur ziehen lassen, danach evtl. noch mit Gewürzen abschmecken. Passt hervorragend zu Gegrilltem, Fisch, Geflügel und Hartkäse, aber auch zu Nudeln.

Kiwis sollten nicht mit Milchprodukten vermischt werden, weil ihr eiweißspaltendes Enzym Actinidin diese leicht bitter und bröckelig werden lässt.

4 Portionen, Zubereitung ca. 15 Minuten

Nashi-Kartoffel-Gratin

Etwas Knoblauchbutter
2 Nashis,
geschält, in dünnen Scheiben
Saft einer Zitrone
400 g Kartoffeln, festkochend,
geschält, in dünnen Scheiben
100 ml Obers (Sahne)
Etwas Parmesan, gerieben
Ein paar Butterflöckchen
Salz, Pfeffer, Muskat

Eine Auflaufform mit der Butter ausfetten, mit Salz und Pfeffer bestreuen. Den Backofen auf 200 °C vorheizen, Nashis und Kartoffeln in abwechselnden Schichten in die Form schichten. Das Obers leicht mit Muskat würzen und über das Gratin leeren. Etwas Käse darüberstreuen und ein paar Butterflöckchen darübergeben. Auflauf in der Gratinform erst auf dem Herd kurz aufkochen lassen, danach etwa 20 Minuten bei 200 °C im Backofen fertig garen.
Dieses Gratin passt gut zu Fleisch, kann aber auch vegetarisches Hauptgericht sein.

„Nashi" ist japanisch und heißt ganz banal „Birne". In Japan kennt man fast 1200 Sorten, für den Export wird aber hauptsächlich eine Sorte namens „20. Jahrhundert" angebaut. Auch Neuseeland ist groß im Nashi-Geschäft, die Parade-Sorte dort heißt Hosui.

4 Portionen, Zubereitung ca. 15 Minuten

Nashi-Balsamico-Reduktion

2 EL Staubzucker
Etwas Butter
2 rote Zwiebel
2–3 Nashis, entkernt, in Scheiben
4 EL Balsamico
2 Schuss Rotwein
500 ml Fond nach Wahl
1 kleine speckige Kartoffel, geschält

In einer Pfanne den Zucker karamellisieren, die Butter darin schmelzen lassen und zuerst die Zwiebelscheibchen darin andünsten, dann die Nashis andünsten lassen. Mit Balsamico würzen, mit Rotwein angießen, mit Fond auffüllen, die Kartoffel fein direkt hinein reiben und ca. 20 Minuten dicklich einköcheln lassen, bis die Birnenscheibchen nur noch wenig Biss haben. Wenn es zu flüssig ist, dann mit Speisestärke nach Wahl vorsichtig sämiger machen.
Diese Balsamico-Reduktion schmeckt zu mehlierter Leber, aber auch zu Rindersteak sehr gut.

Die Nashis sind sehr empfindlich gegen Stöße und Druck, und kleine Verletzungen lassen sie sofort schlecht werden. Deswegen werden sie auch einzeln in kleine Nester verpackt im Supermarkt angeboten.

40 Plätzchen, Zubereitung ca. 20 Minuten

Schisandra-Kekse

1 Banane
150 ml Apfelmus
1 Pkg. Vanillezucker
180 g Zucker
125 g Mehl
50 g Walnüsse, gehackt
60 g Walnüsse, gemahlen
100 g Haferflocken
50 g Schisandra-Beeren, frisch oder getrocknet
2 TL Zimt
1 Prise Muskat

Ofen auf 200 °C vorheizen. Banane, Apfelmus, Vanillezucker und Zucker cremig rühren.
Mehl, gemahlene Walnüsse, Zimt und Muskat vermischen, in den Brei hineingeben und gut verrühren. Haferflocken, Schisandra-Beeren und gehackte Walnüsse hineinrühren. Kleinere Plätzchen formen und ca. 10 bis 13 Minuten backen.

In der TCM spielt die Schisandra oder Chinabeere schon seit rund zweitausend Jahren eine wichtige Rolle. Bereits in der Han-Dynastie (206 v. Chr. bis 220 n. Chr.) wurde sie als eines der wertvollsten Stärkungsmittel geschätzt.

4 Portionen, Zubereitung ca. 20 Minuten

5-Elemente-Laibchen

500 g gemischtes Faschiertes (Hackfleisch)
1 Zwiebel, klein gewürfelt
1 Paprika, klein gewürfelt
30 g Schisandra-Beeren, frisch oder getrocknet
1 alte Semmel (Brötchen), in Wasser aufgeweicht
1 Ei
Salz, Pfeffer
Öl zum Herausbraten

Das Fleisch mit Zwiebel, Paprika, Beeren und Gewürzen gut vermischen. Die Semmel zerkleinern und auch in die Fleischmasse einarbeiten, das Ei dazugeben, alles gut vermischen und zu flachen Laibchen formen.
In einer beschichteten Pfanne in wenig Öl die faschierten Laibchen (Frikadellen) ca. 8 Minuten von beiden Seiten gut anbraten.

Die Vitalstoffe der Schisandra sollen nicht nur bei Durchblutungsstörungen, Verkalkungen, Fettablagerungen an Blutgefäßen und Tinnitus sehr gut helfen, sondern auch die Libido ordentlich ankurbeln.

4 Portionen als Hauptspeise, Zubereitung ca. 15 Minuten

Sharon-Salat

2 Köpfe Eichblatt-Salat, gezupft
4 Kakis, geschält, gewürfelt
2 kleine Fenchel, gehackt

Dressing:
2 vollreife Bananen
10 El Öl
Saft von 2 Limetten
2 TL Senf, scharf
2 TL Honig
Bund Petersilie, gehackt
Salz, Pfeffer

Salat, Kakis, Fenchel und gehacktes Fenchelgrün in einer Schüssel mischen.
Für das Dressing Bananenstücke und Petersilienblätter und alle anderen Dressing-Zutaten in ein hohes Gefäß geben und mit dem Pürierstab gut durchmixen. Wer's schärfer mag, kann Chili oder Dijon-Senf verwenden; wer's süßer mag, mit Honig oder Ahornsirup abschmecken … der Gaumen soll einfach die Fantasie leiten. Das Dressing über den Salat geben, eine Weile durchziehen lassen und entweder als Beilage z. B. zu gegrilltem Halloumi oder als Hauptspeise servieren.

Mit fast 16 % Zucker ist die Kaki kein Diätobst, doch dafür bringt sie schnelle Energie. Wegen der ausgeprägten Süße empfiehlt es sich, Kakis immer mit etwas Zitronensaft beträufelt zu essen.

4 Portionen, Zubereitung ca. 15 Minuten

Süß-salzige Sommerspießchen

400 g Wassermelone, würfelig
12 kleine Radieschen
Ein paar Blätter Estragon
12 Oliven, entsteint
200 g Mini-Mozzarella
4 EL Olivenöl
Pfeffer
Kleine Bambusspießchen

Alle Zutaten abwechselnd auf die Spieße stecken, mit Öl beträufeln und mit Pfeffer würzen – gut gekühlt servieren.

Ja, Wassermelonen wachsen auch hierzulande. In Österreich etwa im Tullnerfeld, wo sie der berühmte Kürbisbauer Franzlbauer sehr erfolgreich kultiviert und auch stets viele Tipps parat hat (www.franzlbauer.at).

4–6 Portionen, Zubereitung ca. 12 Minuten

Figurfreundlicher Melonen-Pudding

1 kleine Melone, Fruchtfleisch in Würfeln
Stevia nach Geschmack
Saft einer Zitrone
1 Prise Salz
Ca. 3 TL Johannisbrotkernmehl
Minzeblättchen als Garnitur

Melonenstücke im Mixer gut durchpürieren, in einen großen Kochtopf geben und nach Geschmack mit Stevia süßen. Erhitzen und mit Johannisbrotkernmehl vorsichtig gelieren (nach Packungsangabe, aber etwa 1 TL pro 200 ml), nochmals sprudelnd aufkochen lassen. Entweder warm oder in Puddingformen füllen, erkalten lassen und gestürzt mit Minze garniert servieren.

Melonen sind wunderbare Durstlöscher, helfen aber auch beim Entwässern und regen – dank ihrer Pantothensäure – den Stoffwechsel ordentlich an. Das macht sie zum idealen Sommerobst.

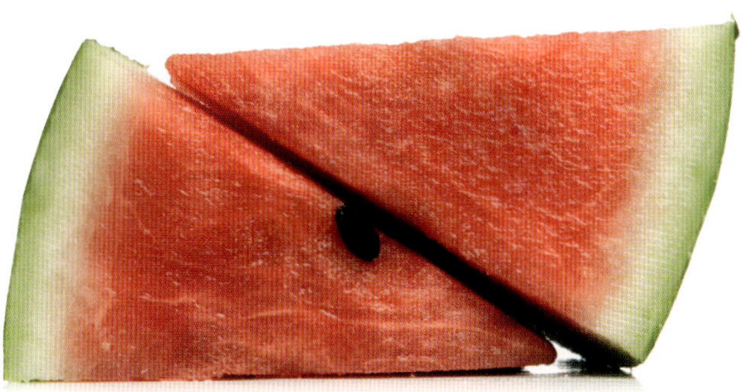

Die Weintraube: Die herbstliche Wunderbeere

Okay, es sind Beeren, dennoch haben sie ein eigenes Kapitel verdient. Sie sind eines der ältesten Gewächse, schon vor 130 Mio. Jahren waren frühe Formen bis nach Grönland verbreitet. Während der Eiszeit wurden sie ins wärmere Mittelmeergebiet gedrängt und vor etwa 7000 Jahren siedelten sich Wildformen auch diesseits der Alpen an. Kultiviert wurden sie vor 5000 Jahren in Ägypten, die Griechen und Römer brachten es dann zur Perfektion. Heute sind sie hinter den Zitrusfrüchten auf Platz zwei der Weltproduktion: Weltweit werden jährlich etwa 60 Mio. Tonnen geerntet, meist für Wein und Sekt, rund 10 % als Tafeltrauben.

Sensible Beerchen vom Stock

Es gibt rund 16.000 Sorten, die in Kelter- und Tafeltrauben eingeteilt werden. Sind sie reif, haben sie der Sorte entsprechend eine frische, gelbliche oder rötliche Farbe und pralle Haut. Eine grüne bis giftgrüne Farbe ist meist Zeichen für Unreife – und Trauben reifen bei Lagerung nicht nach. Ist die Haut am Stielansatz braun und sind die Rispen trocken, sind sie nicht mehr frisch. Druckstellen und Staunässe (oft im Plastik) lassen sie schneller faulen und schimmeln. Kein Manko dagegen ist die weißliche, dünne, wachsartige Schicht, die Trauben dank Mutter Natur vor dem Austrocknen schützt.

Im Chemie-Zeitalter versteht es sich von selbst, dass Trauben gründlich gewaschen werden. Denn die Zeiten bessern sich zwar, aber bei Kontrollen gibt es immer wieder Beanstandungen wegen unerlaubter Pestizid- und Fungizid-Rückstände. Ungespritztes aus Bio-Anbau braucht lediglich eine Dusche mit kaltem Wasser, herkömmliche oder Importware aber sollte man stets gründlich mit warmem Wasser waschen. Bei Zimmertemperatur halten Trauben wenige Tage, im Gemüsefach des Kühlschranks bis zu zwei Wochen. Vor dem Einlagern nicht waschen (Schimmel!), sondern eine Stunde vor Genuss aus der Kühlung nehmen, waschen und ruhen lassen – so entfalten sie ihr ganzes Aroma. Tipp: Lose lassen sich Trauben auch gut einfrieren.

... übrigens

Gegen kleine Fältchen auf dem Dekolleté hilft diese Maske gut. Eine Handvoll halbierter Trauben auf dem Ausschnitt verteilen – nach ca. 15 Minuten mit lauwarmem Wasser abspülen.

Je länger Trauben am Rebstock hängen, desto mehr Kalium können sie aus dem Boden aufnehmen.

Das in den Trauben enthaltene OPC tut aber auch dem Gesicht sehr gut: Eine Handvoll zerdrückte Trauben mit 2 EL Haferflocken vermischen. Die Maske regeneriert entzündete und unreine Haut.

Hundebesitzer aufgepasst: Weintrauben und Rosinen sind für Hunde giftig! Schon 10 g pro Kilogramm Körpergewicht können Vergiftungserscheinungen auslösen und im schlimmsten Fall sogar zum Tod führen.

Zuckersüßes für Nerven, Power und Konzentration

Optimal reif sind Trauben sehr gesund. Die Vitamine sind nicht aufregend, aber sie haben einen der höchsten Obst-Kalium-Gehalte und bringen gemeinsam mit Fruchtsäuren Säure-Basen- und Wasserhaushalt in Balance. Zudem gelten sie als herzstärkend, blutdrucksenkend und verdauungsfördernd und werden zur Stärkung für Lunge, Leber und Galle, Stoffwechsel und Kreislauf empfohlen. Nur Diabetiker sollten wegen des Zuckers eher verzichten. Der kann andererseits auch wieder helfen: Ihr Traubenzucker macht Trauben überall dort ideal, wo Turbo-Energie gefragt ist – eine Handvoll steigert die Konzentration, vertreibt Müdigkeit und hilft gut bei Stress.

In Sachen sekundäre Pflanzenstoffe sind Trauben spitze: Ob Ellagsäure, Quercetin, Katechin, Anthocyan, OPC oder das bekannte Resveratrol – all diesen unaussprechlichen Substanzen werden Wunderdinge nachgesagt. Fakt ist: Unzählige Studien und Forschungen bescheinigen diesen Vitalstoffen eine entzündungshemmende und antioxidative Wirkung, die das Risiko für viele Krankheiten minimieren kann.
Trotz ihres Zuckers eignen sich Weintrauben auch zum Abnehmen: etwa 1 1/2 Kilo Trauben, verteilt auf drei bis vier Mahlzeiten, über den Tag essen. So purzelt nicht nur pro Tag etwa ein halbes Kilo, sondern der Körper kann auf gesunde Weise auch entgiften – die ideale Weekend-Kur also.

Trauben, roh (100 g)

70 kcal/291 Kilojoule
1,1 Broteinheiten
15,2 g Kohlenhydrate, gesamt
1,6 g Ballaststoffe
0,7 g Eiweiß/0,3 g Fett
80,9 g Wasser
43 µg Folsäure (Vitamin B_9)
198 mg Kalium
12 mg Kalzium
20 mg Phosphor
7,1 g Fructose, 7,1 g Glucose

4 Portionen, Zubereitung ca. 18 Minuten

Thymian-Trauben-Gemüse

2 EL Zucker
60 ml Weißweinessig
250 ml Weißwein
1 Pimentkorn
1 Lorbeerblatt
200 g kernlose helle Trauben, halbiert
Salz, Pfeffer
20 Stiele Zitronenthymian

Zucker in einem Topf hellbraun karamellisieren lassen. Mit Essig ablöschen und mit Weißwein auffüllen. Piment und Lorbeer dazugeben. Bei mittlerer Hitze auf rund 150 ml einkochen lassen. Reduzierten Essigsud mit Salz und Pfeffer würzen. Zitronenthymian und Trauben dazugeben und abkühlen lassen. Mindestens 4–5 Stunden ziehen lassen.
Passt hervorragend zu jeder Art von Fleischgerichten.

Thymian ist nicht nur eine schmackhafte Gewürzpflanze, die sehr gut zur Weintraube passt, sondern auch ein Tausendsassa als Heilpflanze – seine wahrscheinlich größte Stärke liegt in seiner hilfreichen Wirkung auf die Atmungsorgane.

6 Portionen, Zubereitung ca. 20 Minuten

Trauben-Tartelette

250 g Mehl
120 g Joghurt-Butter
3 Eier
Salz, Pfeffer
250 g kernlose grüne und blaue Weintrauben
100 g Ziegenfrischkäse
150 g Joghurt
120 g Schwarzwälder Schinken, sehr dünn geschnitten

Mehl, Butter in Flöckchen, 1 Ei und 1 Prise Salz in eine Schüssel geben und zu einem glatten Teig verkneten. 30 Minuten kalt stellen. 2 Eier, Ziegenfrischkäse, Joghurt, Salz und Pfeffer verrühren. Mürbeteig auf einer bemehlten Arbeitsfläche ausrollen und in 6 gefettete Tartelette-Förmchen oder in eine Springform geben, Teig dabei am Rand hochziehen.
Mit Schinkenscheiben auslegen. Weintrauben auf dem Teig verteilen. Käsemasse darübergeben und im vorgeheizten Ofen bei 180 °C Umluft auf dem Rost auf der untersten Schiene ca. 30 Minuten backen.

Frische Weintrauben sind unter anderem am intakten „Duftfilm" erkennbar. Der entsteht durch Kondensniederschlag, bildet einen weißen, mehlartigen und abwischbaren Reif auf den Trauben; nach dem Verdunsten bleibt eine Wachsschicht, eben der „Duftfilm".

4 Portionen, Zubereitung ca. 20 Minuten

Trauben-Chutney

500 g Zwetschken, entkernt
4 EL brauner Zucker
1 EL Speisestärke
100 ml Wasser
100 g Frischkäse
250 ml Obers (Sahne)
1 Pkg. Vanillezucker
Etwas Zimt
1 Schuss Rum

Zucker in einem Topf bei mittlerer Hitze goldbraun karamellisieren. Mit Weißweinessig ablöschen, Zwiebeln und Chili dazugeben und so lange kochen, bis sich der Karamell gelöst hat. Trauben dazugeben und offen 8–10 Minuten köcheln lassen.
Gehackte Walnusskerne untermischen, salzen, pfeffern und abkühlen lassen. Petersilie untermischen und in Einmachgläser füllen.

Das Chutney hält im Kühlschrank bis zu zwei Wochen und passt perfekt zu Wildgerichten, aber auch Weißwürste und Lachs schmecken damit wunderbar.

4 Portionen, Zubereitung ca. 10 Minuten

Rotwein-Trauben mit Mascarpone

500 ml kräftiger Rotwein
6 EL roter Portwein
80 g Zucker
1 Zimtstange
500 g kernlose rote Trauben, halbiert
3 TL Speisestärke
200 g Mascarpone
250 g Mohnjoghurt
1 Pkg. Vanillezucker

Rotwein, Portwein, Zucker und Zimtstange aufkochen und offen bei starker Hitze ca. 5 Minuten einkochen lassen. Speisestärke mit 1–2 EL Wasser glatt rühren, in den Weinsud geben, erneut kurz aufkochen.
Trauben in den Sud geben und 2 Minuten bei milder Hitze garen. In eine Schüssel geben und abkühlen lassen. Mascarpone, Mohnjoghurt und Vanillezucker verrühren und mit den Trauben anrichten.

Guten Mohnjoghurt kann man kaufen, aber auch leicht selbst machen: 500 g Naturjoghurt, etwas geriebene Zitronenschale, 60 g Honig und 2 EL gemahlenen Mohn verrühren. 150 ml Obers (Sahne) steif schlagen und vorsichtig unterheben.

4 Portionen, Zubereitung ca. 15 Minuten

Weintrauben-Digestif

1,5 kg Muskattrauben
1 Vanilleschote
750 ml Obstbranntwein
500 g Rohrzucker

Beschädigte und welke Trauben unbedingt aussortieren. Die „guten" Trauben unter fließendem Wasser waschen, sorgfältig trocken tupfen und mit einer Schere abschneiden – dabei jeweils ein kleines Stückchen Stiel dranlassen.
Ein ausreichend großes Einmachglas kochend heiß ausspülen und zum Abtropfen auf den Kopf stellen. Dann die längs aufgeschnittene Vanilleschote und die Trauben locker einfüllen. Mit Branntwein aufgießen und einen Monat an einen kühlen, dunklen Ort stellen. Nach einem Monat das Glas öffnen, den Zucker einfüllen und für weitere drei Monate wieder kühl und dunkel ruhen lassen.

Wenn man von Weintrauben träumt, so sagen Traumdeutungsexperten, dann zeigt einem das Unterbewusstsein das Bedürfnis nach Festen, Partys und Feiern und dass im Moment zu wenig Spaß und Lachen im Leben herrscht.

4 Portionen, Zubereitung ca. 20 Minuten

Birnen-Trauben-Salat

Schale und Saft einer Zitrone
5 EL Birnendicksaft
250 g gemischte kernlose Trauben, längs halbiert
500 g Birnen, entkernt, in Spalten
50 g getrocknete Marillen (Aprikosen)
2 EL Mandelblättchen

Zitronenschale, Zitronensaft und Birnendicksaft in einer Schüssel verrühren. Früchte in die Saftmischung geben und 10 Minuten marinieren lassen.
Die Marillen in dünne Streifen schneiden und unterheben. Mandelblättchen in einer Pfanne ohne Fett hellbraun rösten und kurz vor dem Servieren über den Birnen-Trauben-Salat streuen.

In der bildnerischen Kunst ist der Weinstock ein Christussymbol, Weintrauben stehen entweder für Überfluss oder für Eucharistie (Dankbarkeit) und die damit versprochene Erlösung.

6–8 Portionen, Zubereitung ca. 20 Minuten

Rinderbraten mit Weintrauben

1 kg Rinderbraten
Salz und Pfeffer
Etwas Butterschmalz
2 Zwiebeln, in Würfeln
2 Karotten (Möhren), in Würfeln
750 ml Rindssuppe
200 ml Rotwein
150 ml Sauerrahm (saure Sahne)
3 EL Weinessig
200 g Weintrauben

Fleisch mit Salz und Pfeffer einreiben. In einem Bratentopf im heißen Butterschmalz rundherum kräftig anbraten. Karotten und Zwiebeln dazugeben, zugedeckt im Backofen bei 180 °C Ober- und Unterhitze etwa 1 1/2 Stunden braten. Nach und nach mit Wein und Suppe aufgießen. Den Braten herausnehmen und warm stellen. Bratenfond mit restlicher Suppe und Rotwein loskochen, Weintrauben, Rahm und Essig dazugeben, kurz kochen lassen. Soße mit Butter binden und abschmecken.

Mit ihrer Fruchtsäure geben Trauben dem Gericht nicht nur eine ganz besondere, fruchtige Note, sondern machen schwere und fette Fleischgerichte bekömmlicher.

4 Portionen, Zubereitung ca. 15 Minuten

Gnocchi mit Trauben

1,5 kg Muskattrauben
1 Vanilleschote
750 ml Obstbranntwein
500 g Rohrzucker

Die Butter zerlassen und die Schalotten glasig anschwitzen. Trauben und Zitronenschalen kurz mitschwitzen, mit Saft und Wein angießen, aufkochen lassen und mit Salz und Pfeffer abschmecken.
Die Stärke mit kaltem Wasser anrühren und das Ragout damit binden. Die Gnocchi nach Packungsangabe fertig machen und gemeinsam mit dem Ragout und ein wenig Zitronenmelisse servieren.

Natürlich kann man Gnocchi auch selbst machen, der Kartoffelteig ist nicht schwierig – aber für die schnelle Alltagsküche zu aufwendig. Und die angebotenen fertigen Gnocchi sind fast ebenso gut.

6 Portionen, Zubereitung ca. 15 Minuten

Weinschaum mit Trauben

Schale und Saft einer 1/2 Zitrone
2 Eigelb
2 Blatt Gelatine
250 ml Obers (Sahne)
1 EL Weinbrand
250 g kernlose Weintrauben, halbiert
100 ml Weißwein
Saft einer Zitrone
100 g Kristallzucker
Ein paar Weintrauben zum Garnieren
Zitronenminze zum Garnieren

Trauben mit Weinbrand vermischen, zudecken und eine Stunde ziehen lassen. Eigelbe mit Zucker, Zitronensaft und -schale schaumig rühren. Gelatine in kaltem Wasser einweichen. Wein erwärmen, Gelatine gut ausdrücken und im Wein auflösen. Wein unter ständigem Rühren in die Eigelbmasse gießen. Die marinierten Trauben in die Eigelbmischung rühren, Obers halbfest schlagen und ebenfalls unterheben. Die Creme in Gläser füllen und im Kühlschrank fest werden lassen (dauert mindestens 3 Stunden).
Mit ein paar aufgeschnittenen Weintrauben und Minzeblättchen dekoriert servieren.

Kernlose Trauben enthalten kein oder weniger Tannin (adstringierenden Gerbstoff) als Trauben mit Kernen und sind daher leichter zu essen – allerdings leider nicht ganz so gesund.

8 Portionen, Zubereitung ca. 15 Minuten

Steirischer Weinbeerstrudel

4 Strudelblätter
3 Eier
50 g Butter
250 g Topfen (Quark)
130 ml Sauerrahm (saure Sahne)
80 g Rohrzucker
20 g Mehl
500 g Weintrauben
Etwas Butter, flüssig

Die Butter schaumig rühren, die Eigelbe dazugeben und weiterrühren, dann Topfen und Sauerrahm darunterrühren. Eiweiß mit Zucker steif schlagen. Mehl vorsichtig in die Topfenmasse rühren, zum Schluss den Eischnee unterheben. Die Masse auf die Strudelblätter verteilen, die Weintrauben darüberstreuen und alles zusammenrollen.

Mit etwas flüssiger Butter bestreichen und im Backofen bei 180 °C ca. 50 Minuten backen.

Oligomere Proanthocyanidine (OPC) sind in Trauben enthalten und gehören zu den begehrtesten Antioxidantien überhaupt. Sie helfen nicht nur der Gesundheit, sondern machen auch schön. Eine der renommiertesten Trauben-Kosmetiklinien Österreichs ist Vinoble (www.vinoble-cosmetics.at).

Die Wilden: Vitaminbomben am Wegesrand

Morgenfrost und Temperaturen unter null – dann kann sich ein Spaziergang gleich doppelt auszahlen. Denn das Immunsystem profitiert nicht nur von der frischen Luft, sondern mit ein bisschen Glück findet man auch süße Früchtchen, deren Vitamine ebenfalls das Immunsystem auf Vordermann bringen können. Viele Wildobstsorten werden erst nach dem ersten Frost geerntet: Berberitzen sind dann süßer, Hagebutten weicher und aromatischer und auch Weißdorn oder Schlehen müssen einmal richtig frieren. Und mit einem etwas geübten Blick sind die gesunden Früchte fast überall zu entdecken.

Berberitze

Die roten Beeren haben einen angenehmen säuerlichen Geschmack. Sie gelten als leber- und gallestärkend, außerdem fördern sie die Ausscheidung von Harnstoffen bei Rheuma, Arthritis und Gicht. Beliebt sind sie in der indischen und persischen Küche, als Würze in Fleischsoßen oder im Reis. Tipp vom Wiener Naschmarkt, wo es die Beeren auch zu kaufen gibt: Berberitze als kaloriensparender Rosinenersatz.

Dirndln (Kornelkirsche)

Die Vitamin-C-reichen Früchte haben einen süßgerbsäuerlichen Geschmack – je dunkler, desto reifer, süßer und aromatischer sind sie. In der Hildegard-Medizin gelten sie als magen-, darm- und verdauungsunterstützend. Im österreichischen Pielachtal ist den „Dirndln" eine ganze Region gewidmet, wo von Mus über Dirndln als Olivenersatz bis zum Brand allerlei kredenzt wird (www.dirndltal.at).

Hagebutte (Hetscherl)

Sie sind mühsam zu ernten und zu verarbeiten, aber es zahlt sich aus: Sie schmecken toll, schlagen alle Rekorde in Sachen Vitamin C, stärken das Immunsystem, vertreiben die Frühjahrsmüdigkeit und wirken leicht abführend und harntreibend. Gutes Mark wird wieder öfter am Markt feilgeboten; eines der besten habe ich einmal am Münchner Viktualienmarkt von der Familie Clement gekauft (www.hagebuttenmark.de).

Holunder

Die Beeren dürfen nur ganz reif und nur gekocht gegessen werden – roh können sie Bauchweh verursachen. Aber gut verarbeitet, sind sie sehr gesund. Sie haben nicht nur den höchsten Gehalt an Selen (Antioxidans, top für Schilddrüse, Immunsystem usw.) aller Früchte, sondern ihre Mineralstoffe und bioaktiven Substanzen fördern auch die Abwehrkraft, wirken blutreinigend, entwässernd und schweißtreibend.

Maulbeere

Einst gab es ganze Alleen für die Seidenraupe, heute ist der Maulbeerbaum fast verschwunden – nur vereinzelt findet man wilde Pflanzen, immer öfter allerdings wieder in Gärten. Die Früchte erinnern stark an Brombeeren – von weiß (eher fad) bis zu den aromatischeren dunkelroten. Roh schmecken sie zwar süß, haben aber wenig

Eigengeschmack – erst weiterverarbeitet sind sie richtig gut.

Mispel (Asperl)

Die Apfel-Verwandte war im Mittelalter begehrt, heute ist sie fast vergessen. Durch Frost werden die Früchte teigig-weich, aromatisch und leicht sauer. Sie wirken, so Naturärzte, ausgleichend auf den Cholesterinspiegel, gegen Verkalkung und helfen Magen und Darm. Tipp für den nächsten Spanien-Urlaub: Nísperos (Mispeln) sind dort Frühlingsboten, werden zu allerlei Gutem verarbeitet – besonders toll sind die spanischen Marmeladen mit Zitronenverbene.

Sanddorn

Sanddorn ist ein weltweit verbreitetes Wildobst mit korallenroten, säuerlichen Beeren. Sie liefern viel Vitamin C, sind entzündungshemmend und helfen gegen hohen Blutdruck und Durchfall. Roh sind sie kaum genießbar, aber sie lassen sich wunderbar weiterverarbeiten. Wer sehen und kosten will, was sich daraus alles machen lässt, sollte zu Christine Berger nach Werder bei Potsdam schauen (www.sandokan.de).

Schlehe

Die Zwetschken-Verwandte schmeckt erst nach dem ersten Frost, und zwar nach einem Mittelding zwischen Bittermandel, Zwetschke und Kirsche. Auch Vögel fressen die saftigen Beeren für ihr Leben gern. Wer sicher etwas ergattern will, sollte die Früchte rasch und noch unreif ernten und im Tiefkühler „nachfrosten". Die Beeren wirken adstringierend, also zusammenziehend, und sind harntreibend, leicht abführend, entzündungshemmend, fiebersenkend und appetitanregend.

Vogelbeere

Die Eberesche, wie sie auch genannt wird, wurde in der Volksmedizin gegen Erkältungen und Magenbeschwerden eingesetzt. Heute gibt es verschiedene Sorten – von bitter bis fast süß – und alle enthalten viel Vitamin C, Pektin und Sorbit. Roh ist sie nicht genießbar, aber als Mark passt sie vorzüglich aufs Brot, zu Pudding und Wild. In Österreich gilt der Vogelbeer-Schnaps sogar als „kulinarisches Erbe".

Weißdorn

Die roten Beeren sind geschmacklich keine Wucht: mehlig und süß-säuerlich. Ihre Heilwirkung ist jedoch eine ganz besondere: Weißdorn ist herzstärkend und reguliert Blutdruck und Herzrhythmus. Wer mag kann die Beeren pur essen, doch in Kombination mit Wohlschmeckenderem sind sie besser aufgehoben. Da sie pektinreich sind, eignen sie sich gut für Marmeladen mit schlecht gelierenden Früchten (z. B. Holunder).

4 Portionen, Zubereitung ca. 15 Minuten

Persisches Huhn

4 Hühnerkeulen, enthäutet
5 Zwiebeln, gewürfelt
Etwas Olivenöl
2 Handvoll Berberitze
(frisch oder getrocknet)
2 TL Safran
Salz, Pfeffer

Die Zwiebeln im Öl anbraten, die Keulen zu den angebratenen Zwiebeln geben, pfeffern und salzen und etwas mitbraten. Eine große Tasse abgekochtes, heißes Wasser mit dem leicht gemörserten Safran mischen und zum Huhn geben. Die Berberitzen auf das angebratene Huhn geben und ca. 30 Minuten bei kleiner Hitze schmoren lassen. Als Beilage passt Basmatireis.

Berberitzen gelten in der indischen Heilkunde, dem Ayurveda, als eines der besten Mittel, um Gifte im Körper zu neutralisieren und zu eliminieren. Die Früchte wirken außerdem antibakteriell, schleimlösend, schweißtreibend und stärkend.

4 Portionen, Zubereitung ca. 15 Minuten

Karotten-Gemüse

800 g junge Karotten
(Möhren) mit Grün
100 g Rosinen
120 g Berberitzen,
frisch oder getrocknet
50 g Butter
3 cm Ingwer
Salz, Pfeffer, Zucker

Das Grün der Karotten klein hacken, die Karotten in 1/2 cm dicke Stifte schneiden. In Butter mit etwas Zucker glasieren. Die Rosinen, die Berberitzen und den fein geschnittenen Ingwer dazugeben.
Mit 2 EL Wasser angießen und im geschlossenen Topf etwa 10 Minuten garen, bis die Karotten bissfest sind. Am Ende mit Salz, Pfeffer und ggf. etwas Zucker abschmecken und mit dem Grün der Karotten bestreut servieren. Die ideale Beilage: Wildreis.

Naturärzte schwören auf Berberitze zum Entsäuern und Abnehmen. Angeblich lässt schon ein Esslöffel Beeren pro Tag – einfach zwischendurch knabbern – die Kilos purzeln.

4 Portionen, Zubereitung ca. 20 Minuten

Dirndl-Gemüse

50 g Dirndln, entsteint, halbiert
40 g brauner Zucker
Etwas Butter
100 ml Rotwein
100 ml roter Portwein
1 Thymianzweig
Salz, Pfeffer

Zucker karamellisieren, die Dirndln dazugeben und kurz garen lassen. Mit Rotwein ablöschen, kurz weitergaren lassen und mit rotem Portwein auffüllen. Thymianzweig hinzufügen, etwas salzen und pfeffern – etwa 25 Minuten weich kochen lassen. Wer mag, kann vor dem Servieren die eingekochten Dirndln noch mit Butter vorsichtig erwärmen und aus dem restlichen Sud mit Fleischfond und Gewürzen eine gute Soße machen. Gemeinsam mit z. B. Polenta passt das Gemüse hervorragend zu Fleisch und Wild.

Dirndln sind nicht nur in Österreich angesagt: In Georgien gibt es die Dirndl-Würzpaste Adschika, die Armenier lieben die Dirndl-Marmelade Honi muraba und die Franzosen machen traditionell Wein (vin de cornouille) daraus.

4 Einmachgläser, Zubereitung ca. 20 Minuten

Dirndl-Gelee

2 kg Dirndln, entsteint, halbiert
500 g Gelierzucker, 2:1
Wasser

Die Früchte in einen Topf geben und mit so viel Wasser auffüllen, dass die Früchte gerade noch bedeckt sind. Ca. 20 Minuten kochen. Durch ein Tuch oder feines Sieb seihen und 1 Liter Sud abmessen. Den Sud mit dem Gelierzucker aufkochen, 4 Minuten sprudelnd kochen lassen und sofort in saubere Einmachgläser geben, zuschrauben und die Gläser für ein paar Minuten auf den Kopf stellen. Dieses aromatisch-herbe, säuerliche und ein bisschen adstringierende Gelee schmeckt als Brotaufstrich, aber auch als besondere Preiselbeer-Alternative zu Käse und Wildgerichten.

Wer ins Burgenland kommt, sollte einen Abstecher zu Richard Triebaumer (www.triebaumerrichard.at) machen, der ein sensationelles Dirndl-Kompott und auch Muskatellerdirndln hat.

4 Portionen, Zubereitung ca. 30 Minuten

Hagebutten-Topfen

1 kg Hagebutten, entkernt
280 ml Weißwein
350 g Staubzucker (Puderzucker) oder Stevia
Saft von 4 Orangen
4 cl Orangenlikör
1 kg Magertopfen (Magerquark)
200 g Frischkäse
4 EL Obers (Sahne)
4 EL Zucker
Schokoraspel zum Garnieren

Weißwein aufkochen, Hagebutten dazugeben und bei milder Hitze weich kochen. Pürieren und durch ein Sieb streichen. Mus mit Staubzucker (oder Stevia), Orangensaft und Likör abschmecken, abkühlen. Das ist ein Ruck-zuck-Hagebuttenmark, das für Gerichte aller Art oder auch als Brotaufstrich verwendet werden kann.

Für dieses Dessert Topfen, Frischkäse, Obers und Zucker sämig verrühren, gemeinsam mit dem Mus abwechselnd in hohe Gläser schichten, mit Schokoraspeln verzieren und gut gekühlt servieren.

Das Entkernen ist mühsam. Am einfachsten geht es, wenn man die Hagebutten halbiert, in einem Beutel kurz einfriert und diesen dann fest gegen den Tisch schlägt – da fallen viele Kerne von selbst raus.

4 Portionen, Zubereitung ca. 20 Minuten

Hagebuttensuppe

300 g Hagebutten, entstielt, ohne Blüte
75 g Butter
2 EL Mehl
1 EL Zucker
Salz, Pfeffer
Eine Handvoll Brotwürfel, geröstet

Die Hagebutten in einem Liter Wasser mit einer Prise Salz etwa 25 bis 30 Minuten kochen. Anschließend durch ein besonders feines Sieb streichen.

Die Butter zerlassen und das Mehl darin dunkel bräunen, mit etwas Wasser glatt rühren und zu den Hagebutten dazugeben. Nochmals kurz aufkochen und mit Salz, Pfeffer und Zucker (wer mag, kann auch etwas Rotwein verwenden) abschmecken.

Mit gerösteten Semmelwürfeln servieren.

Die Hagebutte ist auch als Bachblüte Nr. 37 „Wild Rose" bekannt und soll resignierten Menschen, aber auch Tieren wieder neue Hoffnung, Lebensfreude und gute Laune bringen.

4 Portionen, Zubereitung ca.15 Minuten

Holundersuppe

500 g Holunderbeeren
1 l Wasser
Schale und Saft einer Zitrone
3 cm Zimtstange
1 TL Stärke
2 EL brauner Zucker
4 EL Naturjoghurt

Die Beeren im Wasser, mit Zimt und Zitronenschale ca. 10 Minuten weich kochen. Die gekochten Beeren durch ein Sieb streichen. Die Stärke mit dem Saft der Zitrone verrühren, bis keine Klümpchen mehr zu sehen sind. Den Holunderbeerensaft zum Kochen bringen, die Stärkemischung darin kräftig verrühren, bis die Suppe andickt. Dann mit Zucker abschmecken, warm oder kalt und mit einem Klecks Naturjoghurt servieren.

Holunderbeeren sind übrigens auch bei Sonnenbrand hilfreich: frische Beeren, einfach zerdrückt, direkt auf die verbrannten Stellen geben. Falls keine frischen Beeren da sind, kann auch Holunderbeerensaft helfen.

4 Portionen, Zubereitung ca. 15 Minuten

Holunderauflauf

2 Eier
5 EL Zucker
200 ml Sauerrahm (saure Sahne)
200 g Grieß
200 g Semmelbrösel
4 EL Haselnüsse, gerieben
500 g Holunderbeeren
Etwas Butter für die Form

Eigelb mit Zucker schaumig rühren. Rahm dazugeben. Grieß, geriebene Brösel und geriebene Haselnüsse vermischen und dazugeben. Vorsichtig die Beeren darunterziehen. Eiweiß zu Schnee schlagen und langsam alles vermischen. In eine gefettete Auflaufform geben und etwa 30 Minuten backen.
Der Auflauf kann warm oder kalt gegessen werden.

Das althochdeutsche Wort „holuntar“ steht für „Baum der Göttin Holla“, der Beschützerin von Haus und Hof. Sie ist nicht nur namensgebend für den Holunder, sondern auch für Grimms Frau Holle.

4 Portionen, Zubereitung ca. 5 Minuten

Maulbeer-Joghurt

200 ml Sauerrahm (saure Sahne)
400 ml Buttermilch
500 g Maulbeeren
Stevia nach Geschmack

Rahm und Buttermilch sämig verrühren, die Beeren vorsichtig unterheben – nach Geschmack süßen. Eine schnelle, erfrischende und dank Stevia „schlanke" Nachspeise, allerdings dank des besonderen Aromas der Maulbeere außergewöhnlich.

Weiße Maulbeeren schmecken eher fad, besser sind die roten und schwarzen. Immer öfter werden auch getrocknete Maulbeeren angeboten, sie sind ein schmackhafter Rosinenersatz ohne den „penetranten" Rosinengeschmack.

4 Portionen, Zubereitung ca. 20 Minuten

Maulbeer-Scheiterhaufen

6–7 dünne Scheiben von Semmeln (Brötchen), Vollkornbrot o. Ä., 2 Tage alt
Etwas Milch
80 g Maulbeeren, getrocknet oder frisch
500 g Äpfel, entkernt, in Scheiben
Etwas Zimt
Etwas Kristallzucker
150 ml Obers (Sahne)
200 ml Halbfettmilch
Mark einer Vanilleschote
2 Eier
60 g Honig
Etwas Butter

Brot kurz in Milch weich werden lassen und dann abwechselnd mit den Apfelscheiben und den Maulbeeren in eine gefettete Auflaufform füllen – jede Schicht mit etwas Zimt und Kristallzucker bestreuen, die oberste Schicht sollte aus Brot sein.
Obers und Wasser leicht erwärmen, mit Honig, Ei und Vanille verrühren und vorsichtig alles damit begießen.
Ein paar Butterflocken oben drauf und etwa 45 Minuten bei 190 °C (untere Schiene) backen.

Schon Hildegard von Bingen schätzte die Kraft der Maulbeere. Bei Fieber, Husten und Halsschmerzen hat die Benediktinerin die schwarzen Früchte wegen ihrer schleimlösenden Wirkung empfohlen.

12 Einmachgläser, Zubereitung ca. 20 Minuten

Mispel-Orangen-Lavendel-Gelee

4 kg Mispeln, halbiert
Saft von 2 Orangen
500 g Gelierzucker, 3:1
5 Zweige Lavendel

Die Mispeln müssen sehr weich sein, d.h. evtl. noch in der Tiefkühltruhe nachfrosten. Dann die Mispeln entsaften, das ergibt etwa 1,5 Liter. Den Saft mit dem Orangensaft, Lavendel und Gelierzucker ca. 4 Minuten sprudelnd kochen lassen. Die Zweige entfernen und in gut gereinigte Einmachgläser füllen. Ist ein köstliches Gelee fürs Butterbrot, passt aber auch hervorragend zu Käse, Fleisch und Fisch. Tipp: Schmeckt auch als Fülle von Topfenknödeln sehr fein.

Mispeln sind sommergrüne Großsträucher, auf denen im Herbst apfelartige Früchte auftauchen. Nach den ersten Frösten wird die Frucht teigig und schmeckt angenehm säuerlich. Seinerzeit als leckere Heilpflanze geschätzt, gelten Mispeln heute als stark gefährdet.

4 Portionen, Zubereitung: 15 Minuten

Mispel-Dessert

10 reife Mispeln, geschält, entkernt, halbiert
100 ml Trauben- oder Apfelsaft
1 EL Butter
1 EL Zucker oder Stevia
200 ml Obers (Sahne) als Garnitur

Die Mispeln in Butter kurz andünsten, den Fruchtsaft und den Zucker dazugeben und 5 Minuten köcheln. Die Fruchthälften in Schalen legen, den Sud darüber und mit Obers garnieren.

Mispeln gelten als Muntermacher und können Winterblues und Frühjahrsmüdigkeit vertreiben. Und dank ihres hohen Kaliumgehalts regulieren sie zudem den Wasserhaushalt und helfen beim Entgiften.

4 Portionen, Zubereitung ca. 20 Minuten

Petersiliensalat

160 g Amaranth
4 Tomaten, fein gewürfelt
Salz, schwarzer Pfeffer
1 rote Zwiebel, in feinen Ringen
1 Chilischote, entkernt, fein gehackt
1 Bund Petersilie, fein gehackt
2 EL Rapsöl
2 EL Sanddorn-Saft
Saft einer Zitrone

Amaranth in leicht siedendem Wasser ca. 20 Minuten aufquellen lassen. Abgießen, mit kaltem Wasser abschrecken und gut abtropfen lassen. Öl, Sanddorn- und Zitronensaft verquirlen und mit Salz und Pfeffer würzen. Amaranth mit allen anderen Zutaten und dem Dressing vermischen und noch ca. 30 Minuten ziehen lassen. Nochmals durchrühren, evtl. erneut mit Salz und Pfeffer abschmecken.

Die Sanddorn-Beeren sind aromatisch, dabei aber wegen ihres Vitamin-C-Gehalts sauer und leicht bitter. Daher werden sie in den meisten Rezepten als Saft oder als klassisches Mus verwendet.

4 Portionen, Zubereitung ca. 15 Minuten

Sanddorn-Soße mit Schafgarbe

1 Zwiebel, fein gehackt
1 Schuss Rotwein
500 ml Wildfond
5 EL ungesüßtes Sanddornmark
Etwas Himbeeressig
Salz, Pfeffer, Cayennepfeffer, Zucker
1 Handvoll Schafgarbenblätter, gehackt
1 Schuss Weinbrand
4 EL Obers (Sahne)

Zwiebel in Bratenfett glasig schwitzen, mit Rotwein ablöschen und mit dem Wildfond auffüllen – etwa ein Drittel reduzieren lassen. Das Sanddornmark unter die Soße rühren. Mit Obstessig, Salz, Pfeffer, Cayennepfeffer und Zucker süßsauer abschmecken.
Die Schafgarbenblätter unter die Soße rühren, mit einigen Tropfen Weinbrand aromatisieren und (nicht zu viel) Obers unter die Soße ziehen. Die Soße auf Tellern anrichten und z. B. Koteletts oder anderes Fleisch nach Wahl daraufsetzen.

Diese Soße ist die ideale Fleischbegleitung und sollte auch in verbliebenem Bratensaft gemacht werden. Wer keine Schafgarben hat, kann auch Petersilie verwenden. Aber: „Schafgarbe" ist auf das althochdeutsche Wort „garwe" zurückzuführen, was so viel heißt wie „Gesundmacher".

4 Portionen, Zubereitung ca. 18 Minuten

Hirsepalatschinken mit Schlehen

50 g Hirseflocken
40 g Vollkornmehl
250 ml Milch
1 Ei
Salz
Etwas Butter

Für die Füllung:
120 g Schlehen
50 ml Apfelsaft
Honig zum Süßen
Etwas Zimt
250 g Magertopfen (Magerquark)
100 ml Obers (Sahne)
1 Handvoll Nüsse, gehackt

Aus den Zutaten einen Palatschinkenteig (Pfannkuchenteig) rühren, 10 Minuten rasten lassen. In einer beschichteten Pfanne in etwas Butter Palatschinken herausbacken. Die Schlehen im Apfelsaft etwa 10 Minuten weich dünsten, durch ein Sieb passieren und mit den restlichen Zutaten zu einer Topfencreme verrühren. Das geschlagene Obers unterheben, die Creme in die Palatschinken füllen und mit Nüssen bestreuen.

Die Schlehe wächst in ganz Europa an Wald- und Feldrändern und in Hecken. Beim Spaziergang sieht man sie häufig, doch sie wird oft verwechselt. Im Frühling blüht sie wie Weißdorn, im Herbst schauen ihre Früchte wie „verhungerte" Zwetschken aus.

Eine Torte, Zubereitung ca. 25 Minuten

Reistorte mit Schlehen

1200 ml Schlehensaft
450 g Schlehen, 10 Minuten weich gekocht, püriert
100 g Margarine
200 g Kokosnuss, geraspelt
500 g Naturreis, gemahlen (Reformladen)
2 Kardamom, gemahlen
1 Piment, gemahlen
250 g Staubzucker (Puderzucker)

Eine Springform mit Backpapier auslegen, alle Zutaten gut verrühren – ggf. mehr oder weniger Zucker verwenden. Die Masse in die Form geben und im kalten Ofen bei etwa 150 °C ca. 70 Minuten backen (Stäbchenprobe), im abgedrehten und geöffneten Backofen noch ca. 20 Minuten ruhen lassen. Auf einen Teller stürzen, ggf. mit Zucker bestäuben – fertig.

Die Säure des Schlehenfleisches kommt bei dieser schnellen Torte sehr gut hervor. Anstelle von Kokos kann man auch Mandeln oder andere Nüsse nehmen.

6–8 Portionen, Zubereitung ca. 30 Minuten

Pilz-Risotto mit Vogelbeeren

200 g Pilze nach Wahl, gewürfelt
600 ml Hühnersuppe
1 Schalotte, gewürfelt
1 Knoblauchzehe, gewürfelt
50 g Butter
Salz, Pfeffer
200 g Risotto-Reis
50 ml Wein
60 g Parmesan, gerieben
1/2 Bund Petersilie
1 TL Rosmarin
1 TL Thymian
1 Handvoll Vogelbeeren

Schalotten und Knoblauch in etwas Butter glasig dünsten. Die Pilzwürfel dazugeben (ein paar größere Stücke zurückbehalten), salzen und danach den Risotto-Reis hinzufügen und ebenfalls glasig dünsten. Mit Wein ablöschen und einkochen lassen. Bei schwacher Hitze kochen und immer so viel Suppe zum Reis geben, dass dieser gerade bedeckt ist – das dauert etwa 20 bis 30 Minuten. Gegen Ende der Garzeit die größeren Pilze in einer Pfanne goldbraun braten und mit Pfeffer und Salz abschmecken. Risotto vom Herd nehmen, den Parmesan, die Vogelbeeren und Kräuter unterrühren – ein bisschen ziehen lassen und mit den gebratenen Pilzen garniert servieren.

Manche Ebereschensorten sind bitter und für die Küche nicht gut geeignet; die schmackhafteste ist die „Mährische Vogelbeere“. In letzter Zeit wird immer die gesunde Aronia gepriesen. Botanisch gesehen ist das zwar keine Vogelbeere, sieht aber so aus, schmeckt so – und ist auch so zu verwenden.

6–8 Portionen, Zubereitung ca. 20 Minuten

Vogelbeer-Quiche

Für den Teig:
200 g Mehl
100 g Butter
1/2 TL Salz
1 Eigelb
Quicheform, Durchmesser 22 cm
Pergamentpapier und Linsen zum Blindbacken

Für die Füllung:
200 g Artischockenböden
Salz, Pfeffer
Je 60 ml Milch und Obers (Sahne)
2 Eigelb
200 g Artischockenherzen, geviertelt
80 g Vogelbeeren
50 g Gorgonzola, gewürfelt

Aus den Teigzutaten und 1 EL kaltem Wasser rasch einen Mürbeteig kneten. In Folie wickeln und 1 Stunde kühl ruhen lassen. (Oder man kauft einfach einen fertigen Mürbeteig.)

Den Teig etwa 5 mm dick ausrollen und die Form damit auslegen. Überstehende Ränder abschneiden, den Rand leicht andrücken, den Boden mehrmals mit einer Gabel einstechen. Papier auf die Form legen, die Linsen darauf verteilen und im 200 °C vorgeheizten Ofen etwa 15 Minuten blindbacken. Herausnehmen, Papier und Linsen entfernen und etwas auskühlen lassen. Für die Füllung die Artischockenböden pürieren, durch ein Sieb streichen und mit Salz, Pfeffer, Milch, Obers und Eigelb gut vermischen.

Die Herzen und die Beeren auf dem Teigboden verteilen und mit dem Artischocken-Püree übergießen. Bei 190 °C im vorgeheizten Ofen etwa 45 Minuten backen. Nach 35 Minuten den Käse auf der Quiche verteilen und fertig backen.

Karl der Große förderte im 9. Jh. die Anpflanzung der Eberesche, da Vogelbeeren Heilmittel gegen Lungenkrankheiten, Verstopfung und Skorbut waren. Außerdem galt der Baum in der europäischen Mythologie als magisch und sollte vor Unheil schützen.

4 Portionen, Zubereitung ca. 20 Minuten

Weißdorn-Früchtebrot

1 kg Weißdornfrüchte, entkernt, halbiert
500 ml Wasser
1 kg Vollkornmehl
100 g Honig oder Stevia nach Geschmack
1 EL Salz
1 Pkg. Germ (Hefe)
Butter zum Ausfetten

Die Früchte im Wasser ca. 15 Minuten weich kochen, grob passieren. Mehl, Germ, Salz untermischen, einen glatten Germteig kneten – mit einem Tuch zudecken und an einem warmen Ort etwa 2 Stunden gehen lassen. Den Teig noch einmal durchkneten, in eine gefettete Form geben und noch einmal abgedeckt eine halbe Stunde gehen lassen.
Bei 220 °C ca. 40 Minuten backen.

Die Früchte des Weißdorns sehen äußerlich der Hagebutte ähnlich. Sie besitzen ein mehliges an Avocado erinnerndes Fruchtfleisch und einen einzelnen Samen.

4 Portionen, Zubereitung ca. 15 Minuten

Weißdorn-Bruschetta

300 g Weißdorn, entkernt, halbiert
300 g Äpfel, entkernt, gewürfelt
50 g Apfelmus
50 g Parmesan
125 ml Olivenöl
2 TL Balsamicoessig
1 Knoblauchzehe
8 Scheiben Baguette
Majoran, Salz

Weißdorn und Äpfel in wenig Wasser ca. 10 Minuten weich kochen und passieren. Die übrigen Zutaten extra passieren und mit dem Weißdorn-Mus gut vermischen. Mit Salz und Majoran abschmecken.
Die Brotscheiben mit Olivenöl beträufeln, rösten und mit dem Weißdorn-Pesto bestreichen.

Blüten, Blätter und Früchte des Weißdorns haben eine positive Wirkung auf den Blutdruck, bei Wechseljahrbeschwerden und Stress und werden seit Hildegard von Bingen vor allem zur Herzstärkung empfohlen.

Die Zwetschke und ihre Geschwister

Sie war eine Trophäe, die Alexander der Große aus Damaskus mit nach Hause brachte. Damaskus war damals groß im Pflaumenhandel und „Zwetschke", so Sprachforscher, ist die Verballhornung von „Damaszener". Unsere Kulturpflaume hat mit der Urfrucht wenig gemein, denn sie wurde bis heute hunderte Male gekreuzt – u. a. mit Schlehe und Kirsche. Herausgekommen ist eine der größten Fruchtfamilien mit rund 2000 Sorten. Vielfach verwendet in der österreichisch-böhmischen Süßküche oder für feine Edelbrände hat die Zwetschke aber noch viel mehr Küchen-Talent zu bieten.

Ob blau, grün oder violett

So manche Zwetschke ist eine Pflaume – auch wenn das in Österreich nicht gern gehört wird. Die Einteilung klingt einfach, die Übergänge sind aber fließend und daher oft schwer zu unterscheiden. Botanisch gilt Pflaume als Oberbegriff, die wichtigsten Untergruppen sind:

Zwetschke. Länglich oval mit spitzen Enden, tiefblau-violette Haut, grüngelbes, saftiges, süßsäuerliches und festes Fruchtfleisch, das gut vom Stein lösbar ist.

Echte Pflaumen. Rot, violett, grünlich oder gelb, runder und größer mit ausgeprägter Naht. Ihr Stein löst sich schwer vom weichen Fruchtfleisch. Zwetschken und Pflaumen halten im Gemüsefach bis zu einer Woche.

Ringlotten oder **Renekloden**. Kugelig, gelblich bis rötlich, herb-aromatisch mit mild-säuerlichem Geschmack.

Mirabellen. Klein und kugelig, gelblich bis orange und süß und saftig. Ringlotten und Mirabellen halten wenige Tage im Gemüsefach.

Kriecherl oder **Haferpflaume**. Alte Wildpflaumenart, so groß wie ein 2-Euro-Stück, weiß bis rot-violett, grünliches, süßes Fleisch, das sich schlecht vom Stein löst (Info: www.kriecherl.at).

Indiz für optimale Qualität und Reife ist bei allen Pflaumenvertretern die frische Farbe, pralle Haut und die weiße, wachsartige Schutzschicht, die die Früchte vor dem Austrocknen schützt.

Die bunten Helfer für den Stoffwechsel

In puncto Vitamine sind Zwetschken keine Spitzenreiter, aber auch hier gilt wie oft im Leben: Die richtige Mischung macht's. Die kleinen Früchte haben nämlich teilweise große Wirkung. Bei Verstopfung oder träger Verdauung können Pflaumen gut helfen, besonders wirksam sind sie allerdings gedörrt. Und: Sie treiben nicht nur die Verdauung vorwärts, sondern binden auch unerwünschte Abfallprodukte und Toxine im Darm. Wie alle blauen Früchte liefern auch Pflaumen das Flavonoid Anthocyan. Diese Pflanzenstoffe haben eine antientzündliche und antioxidative Wirkung und sind dabei sogar Vitamin C & E überlegen. Sie stärken die Immunkraft und können Entzündungen, Infektionen und – so neue Studien – wahrscheinlich auch der Entwicklung von Krebs entgegenwirken. Auch hier sind allerdings die getrockneten Früchte den frischen ein bisschen überlegen.

Aber das ist noch nicht alles: Dank idealem Kalzium-Phosphor-Verhältnis tut das Steinobst auch den Knochen gut und kann Osteoporose reduzieren. Eine Studie der Universität Florida aus dem Jahr 2010 hat gezeigt, dass Teilnehmerinnen, die ein Jahr lang 100 Gramm Backpflaumen (plus 400 I.E. Vitamin D + Kalzium) aßen, ihre Knochendichte signifikant verbessern konnten. Die Kontrollgruppe mit getrockneten Äpfeln zeigte keinerlei Verbesserungen.

... übrigens

Eine alte Bauernregel sagt: „Wer an Neujahr Zwetschken kocht, dem geht das ganze Jahr das Geld nicht aus."

Bewährtes Hausmittel, um die Verdauungstätigkeit auf sanfte Art und Weise anzuregen: eine gedörrte Pflaume abends in ein Glas Wasser legen und am nächsten Morgen Wasser und Frucht vor dem Frühstück einnehmen.

Das Holz des Zwetschkenbaumes ist wunderschön schattiert (von dunkelbraun bis violett) und wird oft für Schmuck, Schnitzkunst und Intarsienarbeiten verwendet. Tipp: Der Niederösterreicher Andreas Priesching macht tolle Objekte aus Zwetschken-, aber auch Elsbeeren-, Dirndl- oder Apfelholz (www.holzkuenstler.at).

Im Nordtiroler Stanz ist der „Stanzer Zwetschke" eine ganze Region gewidmet – ein Besuch „schmeckt" wunderbar (www.traditionelle-lebensmittel.at).

Zwetschke, roh (100 g)

45 kcal/187 Kilojoule
0,8 Broteinheiten
10,1 g Kohlenhydrate, gesamt
1,7 g Ballaststoffe
0,6 g Eiweiß/0,2 g Fett
86,6 g Wasser
6 mg Vitamin C
366 µg Beta-Carotin
440 µg Niacin (Vitamin B_3)
161 mg Kalium
64 µg Kupfer
2,01 g Fructose, 3,4 g Glucose

4 Portionen, Zubereitung ca. 10 Minuten

Zwetschken-Apfel-Soße

300 g Zwetschken, entsteint, in kleinen Stücken
300 g säuerliche Äpfel, entkernt, in kleinen Stücken
1 EL Zitronensaft
1 EL brauner Zucker
1 Zimtstange

Fruchtstücke mit etwa 3 EL Wasser, Zitronensaft, Zucker und Zimt in einen kleinen Topf geben, aufkochen und zugedeckt ca. 7 Minuten köcheln. Mit dem Mixstab zu einer glatten Soße pürieren.

Zwetschge oder Zwetschke? Der Duden führt als allgemeine Bezeichnung für diese Pflaumenart „Zwetsche" (ohne g oder k) an. Im süddeutschen und schweizerischen Sprachraum und in der Fachsprache wird Zwetschge verwendet, in Österreich Zwetschke.

10 Portionen, Zubereitung ca. 10 Minuten

Käse-Zwetschkerln

10 große Zwetschken
100 g Gorgonzola
3 EL Obers (Sahne)
Salz, Pfeffer
Mandeln zum Garnieren, fein gehackt

Die Zwetschken längs aufschneiden, nicht ganz durchschneiden und den Stein herauslösen. Den Käse mit einer Gabel gut zerdrücken und mit dem flüssigen Obers glatt rühren, mit Salz und Pfeffer abschmecken. Die Masse mit einem Kaffeelöffel in die Zwetschken füllen und mit Mandeln garnieren.

Der Buffett-Klassiker ohne Fleisch. Wer's herzhafter mag, kann dazu Pflaumen im Speckmantel machen. Pflaumen mit Speck umwickeln, von allen Seiten anbraten, mit Balsamico ablöschen.

4 Portionen, Zubereitung ca. 10 Minuten

Süße Käse-Zwetschken

500 g Zwetschken, entkernt
4 EL brauner Zucker
1 EL Speisestärke
100 ml Wasser
100 g Frischkäse
250 ml Obers (Sahne)
1 Pkg. Vanillezucker
Etwas Zimt
1 Schuss Rum

Die Zwetschken mit Zucker und Wasser kurz köcheln lassen. Die Stärke mit etwas Wasser anrühren und das Kompott damit andicken. Den Topf vom Herd nehmen, Zimt nach Geschmack. Frischkäse unterrühren und alles pürieren, mit Rum abschmecken. In Gläser füllen und mit steifem Obers mit Vanillezucker garnieren.

Als Frischkäse werden alle Käse bezeichnet, die ohne Reifung verzehrfertig sind – sie werden in allen Fettstufen angeboten. Dazu gehören u. a. Topfen (Quark), Ricotta, Mozzarella, Hüttenkäse oder Mascarpone.

4 Portionen, Zubereitung ca. 15 Minuten

Nudelauflauf

200 g Bandnudeln
500 ml Milch
100 g Zucker
300 g Zwetschken, entkernt, in Spalten
150 g Topfen (Quark)
3 Eier
50 g Semmelbrösel
60 g Butter
Etwas Butter zum Ausfetten
Etwas Zimt

Die Milch mit der Hälfte des Zuckers aufkochen, die Nudeln dazu und in 5–6 Minuten nicht zu weich kochen – alles gemeinsam mit der restlichen Milch in eine Schüssel füllen.
Topfen mit Eiern und restlichem Zucker verrühren und mit den Nudeln und den Zwetschken locker mischen. In eine gefettete Auflaufform füllen, Semmelbrösel mit Butter und Zimt vermischen und obendrauf verteilen. Ca. 35 Minuten in den auf 180 °C vorgeheizten Ofen geben.

Alljährlich am zweiten Septemberwochenende wird das traditionelle Fest zu Ehren der Bühler Frühzwetschke gefeiert – dabei gibt's neben Vergnügungspark, Festzelt und Blasmusik auch zahlreiche Schmankerl mit der Zwetschke (www.buehl.de).

4 Portionen, Zubereitung ca. 18 Minuten

Dessert-Suppe

450 g Mirabellen, entsteint
60 g Zucker
15 g Puddingpulver, Vanille
100 ml Milch
Schale einer 1/2 Zitrone

Die Mirabellen mit der Hälfte des Zuckers ca. 10 Minuten im geschlossenen Topf weich kochen – ab und zu umrühren. In der Zwischenzeit das Vanillepuddingpulver mit Zitronenschale und restlichem Zucker mischen und in etwa 30 ml Milch auflösen.
Nach 10 Minuten die Mirabellen mit einem Kartoffelstampfer durchstampfen, gut durch ein Sieb streichen bis etwa 400 ml Flüssigkeit aufgefangen sind. Die restliche Milch und den Puddingpulver-Mix unterrühren. Wieder aufkochen, kurz sprudelnd kochen lassen, abkühlen und vor dem Servieren im Kühlschrank gut durchkühlen.

Es gibt viele Mirabellensorten, die bekannteste ist die Mirabelle von Nancy. Edelbrand-Fans sollten ihr vollmundiges Aroma beim sortenreinen und preisgekrönten Mirabellenbrand von Perlhof genießen (www.edelbrennerei.at).

Ca. 4 Einmachgläser, Zubereitung ca. 18 Minuten

Flotter Fruchtaufstrich

1 kg sehr reife Mirabellen, entsteint
Agavendicksaft oder Stevia, nach Geschmack
Etwa 2 TL Johannisbrotkernmehl
Saft und Schale einer 1/2 Zitrone

Früchte mit dem Mixer oder Pürierstab gut pürieren, nach Geschmack süßen, mit Johannisbrotkernmehl andicken. Dieser Fruchtaufstrich lässt sich eigentlich mit jedem vollreifen Obst machen, hält im Kühlschrank einige Tage und schmeckt pur, aufs Brot oder in einen Joghurt gemischt wunderbar. Und der Fantasie sind dabei keine Grenzen gesetzt: schmeckt auch mit etwas Ingwer oder Blüten gut, kann ein Mix aus verschiedenen Obstarten sein oder auch mit Pfeffer und Chili abgeschmeckt werden.

Johannisbrotkernmehl ist ein pflanzliches Bindemittel, das es in jedem Reformladen gibt und eine gute und vor allem figurfreundliche Alternative zu Speisestärke, Soßenbinder & Co ist.

Ein Blech, Zubereitung ca. 20 Minuten

Ringlotten-Topfenkuchen

Streuselmasse:
300 g Mehl
1/2 Pkg. Backpulver
150 g Butter
70 g Zucker
Schale einer Zitrone
1 Eigelb

Topfenmasse:
500 g Topfen (Quark)
1 Pkg. Vanillezucker
Saft von 1 Zitrone
3 Eigelb
4 EL Grieß
4 Eiweiß
100 g Zucker
1 kg Ringlotten,
geviertelt und entkernt

Alle Zutaten der Streuselmasse vermengen und „zerbröseln". Ein Backblech mit Backpapier auslegen, zwei Drittel der Streuselmasse auf dem Blech verteilen und flach drücken. Topfen, Vanillezucker, Grieß mit Zitronensaft und Eigelb glatt rühren, aus 4 Eiweißen und 100 g Zucker einen Schnee schlagen, vorsichtig unter die Topfenmasse heben. Die Topfenmasse auf die Streusel streichen und die Ringlotten darauf verteilen. Den Rest der Streusel darüber verteilen. Den Kuchen bei 180 °C 55 Minuten lang im Backofen backen.

Ringlotten waren das Lieblingsobst von Andy Warhol, sein liebstes Rezept (Ringlotten, Himbeeren, Sprühsahne etc.) schrieb Mutter Julia auf eine Zeichnung. Ihr zusätzlicher Tipp: Die besten Ringlotten – greengages – gibt es an den letzten drei Junitagen in Wisconsin.

4 Portionen, Zubereitung ca. 10 Minuten

Pflaumensoße

60 g Zucker
2 EL Himbeeressig
400 ml Portwein
350 ml Pflaumen, entsteint, in Spalten
1 EL Speisestärke oder
1 TL Johannisbrotkernmehl
Salz, frischer Pfeffer

Den Zucker in einem Topf goldbraun schmelzen, etwas abkühlen lassen und mit Himbeeressig und Portwein aufgießen. Flüssigkeit auf die Hälfte einkochen lassen. Die Pflaumen in die Portweinreduktion geben und aufkochen lassen. Stärke mit etwas kaltem Wasser anrühren, einrühren und 5 Minuten leise kochen lassen. Die Soße mit viel grob gemörsertem Pfeffer und etwas Salz würzen.

Diese Soße macht den herbstlichen Gänse- oder Entenbraten ganz besonders. Die fruchtige Säure harmoniert wirklich unglaublich gut mit deftigem Geflügel.

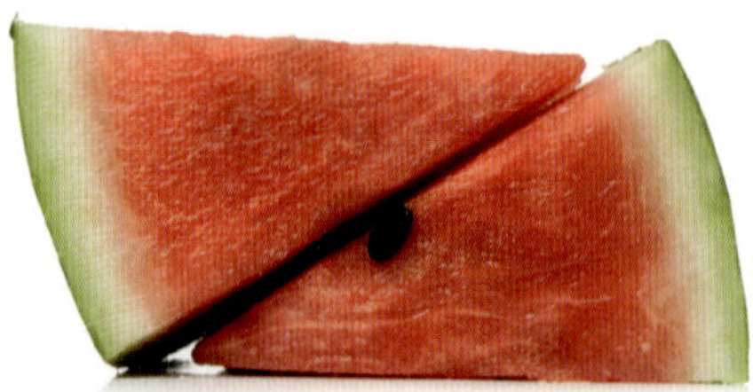

4 Portionen, Zubereitung ca. 25 Minuten

Ungarische Obstsuppe

300 g Äpfel, geschält, gewürfelt
300 g Wassermelone, geschält, gewürfelt
300 g Kriecherln, entsteint, gewürfelt
3 cm Zimtrinde
2 Nelken
1 Prise Muskat nach Geschmack
100 g Zucker
500 ml Wasser
150 ml Crème fraîche
Schale und Saft einer Zitrone
1 Spritzer Weißwein oder Prosecco

Zucker und Wasser kurz aufkochen und die Gewürze mit den Äpfeln und Melonen darin zugedeckt kurz weich dünsten lassen. Wenn die Früchte weich sind, etwa ein Drittel entnehmen, passieren und den Brei zurück in den Topf zu den restlichen Früchten geben und erneut aufkochen lassen. Die Kriecherln dazugeben und ca. 15 Minuten weitergaren. Die Suppe mit Crème fraîche und Zimt abschmecken und am besten über Nacht kalt stellen. Kurz vor dem Servieren einen Schuss Weißwein oder Prosecco in die Suppe mischen und eiskalt servieren.

Die Ungarn sind nicht nur für Gulasch, sondern auch für Gyümölcsleves bekannt. Diese Obstsuppe wird traditionell mit Kirschen oder Himbeeren gemacht, aber eigentlich hat jede Familie ihr ganz eigenes Geheimrezept mit allen Arten von Obst.

Ca. 6 Einmachgläser, Zubereitung ca. 18 Minuten

Wildfruchtmarmelade

500 g Kriecherln, würfelig
500 g Dirndln, würfelig
500 g Holunderbeeren
Saft von 2 Zitronen
500 g Gelierzucker, 3:1
Rum

Alle Früchte leicht zerdrücken, mit dem Gelierzucker gut verrühren und in einem großen Topf zum Kochen bringen, den Zitronensaft dazugeben und etwa 4 Minuten sprudelnd kochen lassen. Passt die Gelierprobe, die Marmelade in gut gereinigte Gläser füllen, eine Minute erkalten lassen. Einen kleinen Schuss Rum darüberleeren, mit einem Feuerzeug entflammen, mit dem Deckel löschen und gleich verschließen. Ein paar Minuten auf den Kopf gestellt erkalten lassen.

Das Besondere an den Kriecherln ist der interessante Geschmack zwischen fruchtiger Süße und herber Säure – das macht sogar einfache Marmeladen zum Erlebnis. Einziges Minus: Der Stein haftet meist untrennbar am Fruchtfleisch.

Obst schmeckt nicht nur gut ...

... sondern gibt auch gärtnerisch einiges her. Denn bevor Obstbäume und -sträucher Früchte tragen, blühen sie erst einmal und sind daher – im Gegensatz zu vielen Ziersträuchern – sogar mehrmals im Jahr ein Blickfang für den Garten.

Dabei ist Obstanbau gar nicht schwierig. Obst kann so gut wie überall gepflanzt werden. Wichtig ist nur, die richtige Pflanze für den richtigen Standort zu finden. Die meisten Obstpflanzen brauchen lockeren, gut durchlüfteten Boden und Sonne. Oft gilt: Je mehr Sonne, desto süßer werden die Früchte.

Es muss aber gar nicht immer ein Garten sein. Sogar auf Terrasse oder Balkon gedeihen einige Sorten ausgezeichnet. Von fast allen Obstbäumen gibt es bereits Zwerg- und Säulenzüchtungen, denen ein großer Topf und gute Erde genügen.

Und was die Pflege betrifft – keine Angst, das ist gar nicht so schwer.
Auf den nächsten Seiten erklären wir Ihnen, wie es geht.

Gutes Gelingen wünscht

Ihr Josef Starkl,
leidenschaftlicher Gärtner und Obstproduzent in dritter Generation

Wissenswertes über Obstpflanzen

Die Wuchsformen

Die Obstsorten, die man als Obstbäume kennt, gibt es meistens sowohl in Baum- als auch in Buschform. Bei den Bäumen gibt es verschiedene Stammhöhen, wobei der Stamm selbst nicht mehr in die Höhe wächst, sondern breiter wird. Stämme müssen bei der Pflanzung mit Pfählen gestützt werden, damit sie stabil stehen und gerade wachsen. Eine Sonderform des Busches ist das Spalier. Hier wird der Busch relativ flach gezogen, um an einem Spalier, z. B. an einer Hausmauer, wachsen zu können. Man kann fast alle Obstgehölze auch als Spalier ziehen. Für Balkon und Terrasse gibt es einige kleinwüchsige Züchtungen bzw. Säulenobstbäume, die nur wenige Seitenhölzer bilden. Beerenobst wächst meistens strauchförmig. Einige Obstsorten gibt es auch als Hochstamm-Bäumchen.

Die Pflanzung

Obst (wie auch die meisten anderen Bäume und Sträucher) wird beim Gärtner entweder mit loser Wurzel oder im Topf angeboten. Pflanzen im Topf können das ganze Jahr über gepflanzt werden, solange der Boden nicht gefroren ist.

Die Befruchtung

Manche Obstsorten tragen nur Früchte, wenn eine geeignete Befruchtersorte in der Nähe ist und Bienen, die Blüten bestäuben können. Das gilt vor allem für Äpfel, Birnen, Kirschen, Weichseln und Kiwis. Es gibt aber auch selbstfruchtbare Sorten. Der Befruchter muss nicht notwendigerweise direkt in der Nähe stehen. Oft funktioniert die Befruchtung sogar über einige Kilometer ohne Probleme.

Äpfel & Birnen sind als Baum, Busch, in Spalierform und als Säulenobst erhältlich. Äpfel blühen im April hellrosa, Birnen blühen weiß. Wann die Früchte reif werden und wie gut sie gelagert werden können, hängt von der Sorte ab. Die meisten Äpfel und alle Birnen sind nicht selbstfruchtbar. Nur Säulenäpfel brauchen keinen Befruchter.

Brombeeren sind relativ hohe, strauchartige Pflanzen, die lange Ruten ausbilden. Dadurch können sie auch an Rankgerüsten hochgezogen werden. Die meisten Sorten haben lange, spitze Dornen, es gibt aber auch dornenlose Sorten. Brombeeren tragen Früchte am zweijährigen Holz, das sollte beim Schnitt berücksichtigt werden. Die Blüten sind weiß bis hellrosa, die Fruchtstände können auch für hübsche Blumenarrangements verwendet werden.

Erdbeeren sind niedrige, krautige Pflanzen. Sie bilden Ausläufer und sind daher relativ leicht zu vermehren. Sie brauchen einen nährstoffreichen, lockeren Boden. Erdbeeren gedeihen auch im Topf sehr gut, durch die langen Ausläufer eignen sie sich auch für Blumenampeln. Manche Sorten tragen nur einmal jährlich, einige sind mehrmals tragend. Einige wenige Erdbeersorten sind nicht selbstfruchtbar. Walderdbeeren gedeihen auch im lichten Schatten.

Himbeeren wachsen strauchartig, die Ruten sind mit feinen Stacheln besetzt. Da sie sich unterirdisch durch Rhizome sehr leicht verbreiten, können Himbeeren schnell zu Unkraut werden. Beim Schnitt von Himbeeren unterscheidet man grundsätzlich zwischen einmal und mehrmals tragenden Sorten. Einmal tragende Himbeeren tragen auf dem einjährigen Holz des Vorjahres. Im Winter schneidet man das alte Holz heraus und lässt nur 5 bis 6 Triebe des Vorjahres stehen. Mehrmals tragende Himbeeren tragen auf dem einjährigen Holz. Das heißt, die Pflanztriebe werden im Winter über dem Boden abgeschnitten. Im Frühling treiben sie wieder durch und tragen die Früchte auf den jungen Trieben.

Ribiseln (Johannisbeeren) und Stachelbeeren sind niedrige Sträucher, die daher auch oft auf Stämmchen veredelt werden. Das ist nicht nur sehr dekorativ, sondern erleichtert auch das Ernten. Es gibt rote, weiße und schwarze Ribiseln bzw. Johannisbeeren. Die Jostabeere ist eine Kreuzung zwischen Schwarzer Johannisbeere und Stachelbeere, das heißt, die Früchte sind schwarz, aber größer und saftiger als bei der Johannisbeere.

Heidelbeeren (Blaubeeren), Preiselbeeren und Cranberrys sind miteinander verwandt. Alle sind niedrige bis mittelhohe Sträucher, die saure Erde brauchen (Moorerde). Sie brauchen wenig Schnitt, es sollten nur die abgetrockneten Triebe ausgeschnitten werden. Sie gedeihen auch im Topf sehr gut.

Kirschen und Weichseln gibt es als Baum, Busch, in Spalierform und als Säulenobst. Beide blühen im April reinweiß. Von der Kirsche schneidet man am 4. Dezember die berühmten „Barbarazweigerl" ab, die dann in der Vase bis Weihnachten blühen sollen. Das funktioniert übrigens auch mit allen anderen Obstzweigen. Manche Sorten sind selbstfruchtbar. Kirschen und Weichseln werden oft von der Kirschfruchtfliege befallen. Sie legt von Mai bis Juli ihre Eier in den Kirschen ab, man findet dann leider oft weiße Maden in den reifen Kirschen. Man kann die Kirschfruchtfliege entweder mit Insektiziden oder – ökologischer – mit Gelbfallen bekämpfen.

Marillen & Pfirsiche

Marillen wachsen als Baum, in Spalierform und als Säulenobst. Pfirsiche und Nektarinen sind etwas kleiner, meistens kleine Bäume mit niedrigen Stämmen oder Busch. Marillen blühen im April weiß bis hellrosa, Pfirsiche und Nektarinen rosa bis fast schon pink. Alle drei Obstsorten mögen es gerne warm. Sie brauchen daher auch in sehr kalten Wintergegenden einen geschützteren Standort. Alle sind selbstfruchtbar.

Quitten

werden meistens als kleine Bäume oder Büsche gezüchtet. Je nach der Form der Frucht unterscheidet man zwischen Apfel- und Birnenquitten. Quitten blühen weiß bis rosa, ihre Blüten sind etwas größer als bei anderen Obstsorten. In unseren Breiten wird die Frucht erst relativ spät im Herbst geerntet und kann nicht roh gegessen werden. Auf der Frucht ist außerdem ein dichter Flaum oder Pelz, der gründlich abgerieben werden muss. Quitten sind selbstfruchtbar.

Feigen

sind grundsätzlich in unseren Breiten nur bis zu einigen Minusgraden winterhart. Wo es kälter wird, können sie aber auch problemlos im Topf gezogen und im Winter geschützt untergestellt werden. Feigen tragen am zweijährigen Holz, daher sollten sie nicht zu stark zurückgeschnitten werden.

Felsenbirnen (Rosinenbaum)

wachsen strauchartig oder als kleiner Baum. Sie blühen im Frühjahr mit wunderschönen, weißen, sternförmigen Blüten. Im Herbst färben sich die Blätter rot. Die Früchte ähneln im Aussehen und Geschmack ein wenig den Heidelbeeren, sie sind im Juni oder Juli reif.

Gojibeeren sind besonders vitaminreich und es wird ihnen ein außergewöhnlicher Anti-Aging-Effekt nachgesagt. Sie wachsen als kleiner Strauch, die Früchte reifen im Herbst, sind süß und orangerot.

Kiwis ist eine Kletterpflanze, die bis zu acht Meter hoch werden kann. Zur Früchtebildung sind (bis zu fünf) weibliche und mindestens eine männliche Pflanze notwendig. Kiwis tragen erst nach ca. 2 bis 3 Jahren, dann erst sollte man sie auch im Winter regelmäßig etwas zurückschneiden. Interessant sind auch Kiwisorten mit glatter Schale oder rotem Fruchtfleisch.

Kakis wachsen auf einem Baum, der mehrere Meter hoch werden kann. Kakifrüchte sind süß, orange und ähneln äußerlich Tomaten. Sie reifen im Spätherbst. Da die Kaki nur wenige Minusgrade verträgt, sollte sie bei uns im Topf gehalten und frostfrei überwintert werden.

Schisandra (Chinabeeren) ist eine bis zu fünf Meter hohe Kletterpflanze, die man gut an Klettergerüsten oder Pergolen hochranken kann. Die Früchte reifen von September bis Oktober, sind rot und bilden Fruchttrauben, ähnlich wie Ribiseln. Sie schmecken gleichzeitig süß, salzig, sauer, bitter und scharf, wodurch die Schisandra auch den Namen „Fünf-Aroma-Frucht" bekommen hat.

Nashis sind eine asiatische Birnenart. Wie auch die heimische Birne wachsen sie als Baum oder Busch, die Frucht ist etwas runder. Auch die Nashi ist nicht selbstfruchtbar.

Weintrauben sind Schlingpflanzen, die sich gerne an Hausmauern oder auf Pergolen entlangranken. Sie brauchen ein stabiles Gerüst, an dem sie sich mit ihren Ranken festhalten können. Wein braucht lockeren, nährstoffreichen Boden und verträgt keine Staunässe. Auch im Topf kann man Wein ziehen, allerdings muss dieser groß genug sein und im Winter geschützt stehen.
Die Früchte wachsen am einjährigen Holz, also nur an den Trieben, die im Frühjahr neu austreiben. Daher schneidet man Wein am besten im Spätwinter oder zeitig im Frühjahr, nicht später als bis Mitte April.

Wassermelonen sind einjährige, kletternde, krautartige Pflanze. Ihr Wachstum erinnert an den Kürbis. Sie braucht sehr, sehr viel Sonne. Die Früchte sollten nicht unbedingt auf der Erde aufliegen, vor allem nicht, wenn diese sehr feucht ist, da sie sonst schnell zu faulen beginnen.

Berberitzen sind mittelgroße Sträucher mit Dornen. Während die meisten Pflanzenteile der Berberitze leicht giftig sind, sind die Früchte sehr vitaminreich und schmecken recht sauer. Sie sind scharlachrot und reifen im Herbst.

Dirndln (Kornelkirschen) wachsen als großer Strauch mit gelben Blüten im zeitigen Frühjahr und kleinen roten Früchten im Herbst. Die Früchte sind vollreif, wenn sie von selbst auf den Boden fallen.

Hagebutten sind die Früchte der wilden Rosen. Sie blühen im späten Frühjahr wunderschön, es gibt verschiedene Farben. Im Herbst zeigen sich dann die roten Hagebutten. Die Blüten der wilden Rosen sind nicht gefüllt. Wilde Rosen gibt es in verschiedenen Wuchsformen, zum Beispiel als Strauch oder als Schlingpflanze.

Holunder ist ein großer, sehr ausladender Strauch. Sie tragen im Frühjahr schöne Blüten, die genauso gut kulinarisch verarbeitet werden können wie die Früchte im Herbst. Gärtnerisch ist der Holunder sehr dankbar. Er wächst fast überall, braucht kaum Pflege und verträgt jeden Schnitt.

Maulbeeren wachsen auf großen Bäumen oder Sträuchern. Es gibt auch überhängende Sorten. Die Früchte sind entweder weiß oder schwarz, sehr saftig und süß. Äußerlich ähneln sie Brombeeren. Sie fallen, sobald sie reif sind, selbst vom Baum. Zur Ernte legt man daher am einfachsten ein großes Tuch unter und schüttelt den Baum. Frische Maulbeeren können kaum gelagert werden und müssen sofort verarbeitet oder gegessen werden.

Mispeln sind kleinwüchsige Bäume mit weißen Blüten im Frühjahr. Die Früchte reifen im Spätherbst und werden am besten nach dem ersten Frost geerntet. Erst nach Frosteinwirkung oder längerer Lagerung sind sie essbar. Sie schmecken säuerlich.

Sanddorn ist ein mittelgroßer Strauch mit langen Dornen. Für die Früchtebildung sind weibliche und mindestens eine männliche Pflanze notwendig. Die Früchte des Sanddorns sind klein und orangegelb und wachsen in dichten Trauben direkt am Ast. Sie sind daher ein besonders dekorativer Schmuck im Herbst. Die Früchte sind sehr gesund, aber sauer und roh nicht besonders schmackhaft.

Schlehdorn (Schwarzdorn) sind sparrige, hohe Sträucher mit sehr vielen Dornen. Sie blühen im Frühjahr weiß, die blauen Früchte werden erst nach dem Frost geerntet, da sich dann die Bitterstoffe abbauen.

Vogelbeeren (Eberesche)

sind mittelgroße Laubbäume. Der deutsche Name stammt von den rot-orangefarbigen beerenartigen Früchten, die der Baum im Frühherbst entwickelt und die gerne von Vögeln gefressen werden. Die Beeren enthalten Parasorbinsäure, die ungekocht zu Magenproblemen führen kann.

Weissdorn ist ein Strauch oder kleiner Baum. Im Gegensatz zur Schlehe ist seine Rinde heller. Die Früchte des Weißdorns sind roh essbar und schmecken säuerlich-süß, sind allerdings sehr mehlig.

Zwetschken, Ringlotten und Mirabellen

gehören zur Pflanzenfamilie der Pflaume. Nur die großen, runden, dunklen Früchte werden bei uns auch tatsächlich Pflaumen genannt. Zwetschken sind länglich-oval und blau, Ringlotten sind rund und meistens gelbgrün, Mirabellen sind kleiner, rund und gelb. Alle werden als Baum, in Spalierform und manche Sorten auch als Säulenobst angeboten. Sie sind wesentlich robuster als zum Beispiel Marillen und Pfirsiche und wachsen auch in kalten Gegenden gut. Sie blühen weiß bis rosa. Fast alle Sorten sind selbstfruchtbar.

Tanja Braune
Ruck-zuck Gemüseküche
120 saisonale Gemüserezepte: marktfrisch & klimafreundlich
Ruck-zuck Gemüseküche
Tanja Braune
KNEIPP VERLAG WIEN